김종수 평전

구로, 1989

김종수 평전

구로, 1989

초판 1쇄 발행 2021년 4월 22일

지은이 안재성
펴낸이 황규관
기획 박영진·김종수열사추모사업회

펴낸곳 삶창
출판등록 2010년 11월 30일 제2010-000168호
주소 서울시 마포구 대흥로 84-6, 302호

전화 02-848-3097
팩스 02-848-3094
전자우편 samchang06@samchang.or.kr
인쇄, 제책 스크린그래픽

김종수 평전

구로, 1989

안재성

삶창

모두가 좋아했던 김종수 열사

이제 가자, 네 형제들 내 살붙이들과

중환자실 한구석에 누운 시커멓게 그을은 네 육신을 보고

이 에미의 가슴은 미어지는 듯했다

찢어지는 아픔이야 어찌 말로 하겠냐만

지금이라도 엄마! 하고 소리치며

대문을 밀치고 달려들 것 같은 네가

영영 이별이라니 도무지 믿어지지 않는구나

그 잘난 돈 몇천 원을 못 내서 학교를 그만두고

단돈 오백 원 옷 보따리 달랑 들고

돈 많이 벌어 오겠다며 서울로 떠나는 너를 부여잡고

이 에미는 눈물을 뿌렸지만 밭고랑을 매다가도

두엄을 치다가도 문득 네 생각이 나면 가슴에 못을 박았다

평화시장, 새벽 두 시까지 세 시까지 미싱을 박고

꾸벅꾸벅 졸며 재단을 하다가도 문득 고향 생각이 나면

피로를 잊는다는 네 편지 구절이 쿵쿵 대못으로 박혔단다

하지만 종수야, 가난이 우리의 잘못이 아니라고

우리도 당당하게 떳떳하게 살아갈 수 있다고

힘주어 말하는 너를 보고 못난 이 에미는

가슴이 덜컹덜컹 내려앉았었지만 시커멓게 그을은

네 육신을 보듬어 안고 피눈물 삼키며

네 말을 다시 가슴에 박는다

이 에미 가슴에 불을 지르고

두 손 더듬어 너를 보듬어 안으며

통곡하는 네 형제들을 얼싸안으며

내 살붙이들을 확인한다

네 죽음을, 온몸으로 뜨겁게

활활 타오르며 외쳤던 분노를 노여움을 확인한다

그래, 종수야 이제 가자, 네가 일하던 공장을 지나

네 형제들이 일하는 공단을 가로질러 못 이룬 일들

형제들과 살붙이들에게 남겨주고 너를 따라오라고

성큼성큼 큰 걸음으로 함께 가자고

뜨거운 불길로 소리치며 가자

피눈물 삼키며 살이 타들어가는 고통 속으로

지긋지긋한 가난과 굴종의 사슬들을 깡그리 사르며

네 형제들 내 살붙이들과 함께 가자, 종수야!

---

* 철도노동자 김명환이 쓴 이 시는 고(故) 김종수 열사의 어머니와 누이동생의 이야기를 정리한
  것으로 영결식에서 누이동생 김미현이 낭송했다.

꽃처럼 보석처럼

김종수, 그가 목숨까지 바쳐 이루고자 했던 세상은 평등의 세상이었다. 자유라는 이름의 불평등 위에 세워진 자본주의사회를 넘어, 모든 인간이 서로를 존중하고 차별 없이 살아가는 평등한 세상이었다.

김종수가 꿈꾸던 사회의 명칭을 무어라고 붙이든 상관없다. 100년 후에 올지, 200년 후에 올지도 상관없다. 이상사회를 향한 꿈이 멈추는 순간 인류의 역사도 종말을 고할 것이기에, 김종수가 꾸었던 꿈은 우리의 꿈이 되고 후손들의 꿈이 될 수밖에 없다.

불과 120년 전만 해도, 인류의 대다수는 왕이 없는 세상을 상상하지 못했다. 당대에 가장 천대받는 하층민들조차도 왕이 없는 세상, 양반이나 귀족 같은 신분제도가 없어진 세상을 꿈꾸는 선지자들을 처형해 마땅한 반역자로 여겼다.

마찬가지로, 대다수의 현대인은 각자 개인의 능력에 따라 경쟁을 하여 부와 권력을 차지하는 자본주의가 인간을 위한 최선의 제도라고 여긴다. 이에 반발하여 세워진 동유럽 사회주의 체제의 실패는 이 믿음을 더 널리 퍼뜨렸다. 그러나 우리의 후손들은 지금 우리 세대가 당연시하고 있는 정치제도와 사회문화를 전혀 다른 관점으로 보게 될 것이다.

사람들은 김종수에게 묻는다. 전태일에게, 또 박영진에게 묻는다. 죽을 각오가 있으면 살아서 더 열심히 싸우지 그랬냐고 말한다. 패배하는 싸움이 아니라 승리하는 싸움을 해야 한다고도 말한다. 하지만 그런 말은 실패할 줄 알면서도 봉기를 일으킨 홍경래와 전봉준에게도 해야 할 것이다. 그들도 싸움에서 이길 수 없다는 점을 잘 알고 있었다. 그러나 싸워야 했기에 싸운 것이다.

중과부적인 상황에서도 목숨을 걸고 항일 의병을 일으켜 싸우다가 실패를 거듭한 끝에 자기 생명을 바쳐 침략의 원흉 이토 히로부미를 쏘아 죽인 안중근은 처형을 앞두고 이런 말을 남긴다.

"한 번 의거로써 성공할 수 있을까? 그러기는 어려운 법이다. 첫 번째에 이루지 못하면 두 번째에, 두 번째에 이루지 못하면 세 번째에 이루면 된다. 열 번, 백 번을 실패해도 좌절할 필요가 없다. 올해 못 이루면 내년에, 내년에 못 이루면 내후년, 십 년, 백 년 후까지 가도 괜찮다. 우리 대에 못 이루어도 괜찮다. 우리의 아들, 손자가 있으므로."

암울한 현실에 맞서 분신으로 항거한 노동자들의 죽음이 지금은 안타까운 희생으로만 보일지 모른다. 가족과 벗들에게는 평생 잊지 못할 마음 아픈 기억으로 남아 있을 수도 있다. 하지만 먼 훗날의 후손들은 그들을 미래를 예견한 선지자요, 시대를 앞서간 선구자로 배우게 될 것이다.

우리나라 민중들의 자유와 평등을 위한 투쟁은 1894년 동학농민혁명으로 시작해 2021년 오늘날까지 줄기차게 이어져왔다. 1919년의 3·1운동은 처음에는 평화적인 만세운동으로 시작했으나 기층 민중들이 가세하면서 거국적인 무력 항쟁으로 발전했으며, 1920년대 중반부터 1930년대 중반까지 해마다 수천 명씩 구속되던 사회안전법 위반자의 대다수가 노동운동 관련자였다. 해방 직후 전국노동조합평의회가 주도한 세 차례의 총파업과 1960년 4·19혁명기의 어용 노총 민주화투쟁, 1987년의 7·8월노동자대투쟁 등 노동자들의 끊임없는 계급투쟁은 한국 사회에 자유와 평등의 지평을 넓히는 결정적인 역할을 했다.

1989년 5월 서울 구로공단에서 일어난 김종수의 분신은 서울지역노동조합협의회(서노협)의 단결력을 강화시킴으로써 7·8월노동자대투쟁의 열기가 전국노동조합협의회(전노협)로 결집되는 과정에 상당한 영향을 미쳤던 사건이었다. 수많은 노동자의 희생을 바탕으로 1990년 1월에 결성된 전노협은 1995년 민주노총 출범의 토대가 된다. 김종수의 분신은 한 개인의 죽음을 넘어, 역사적 대변혁기 한국 노동자들의 진로를 밝혀준 횃불의 하나였던 것이다.

김종수 이야기를 쓰기 위해 취재를 하면서 만난 가족과 친구, 회사 동료들마다 눈물을 보이지 않은 이가 없었다. 벗들은 김종수를 꽃처럼, 보석처럼 빛나는 친구였다고 말한다. 수십 년 세월이 지나면서 꽃은 더 아름답게 기억되고 보석은 더 반짝이는 것 같았다.

취재하고 집필하는 동안, 필자도 번번이 시야가 흐려지곤 했다. 그러나 이 눈물은 슬픔이나 그리움 이상의 것이었다. 모진 환경 속에서도 인간다움을 추구하려 고군분투하는 김종수라는 한 정의로운 인간에 대한 감동이었다. 그 감동을 글로 다 표현해내지 못하는 무능력이 안타까울 따름이다.

인물 전기를 쓰다 보면 과도하게 주인공을 미화하는 건 아닐까 걱정이 들곤 한다. 독자들도 전기의 주인공이 특별한 사람이거나 대단한 사람이 아닌, 자기들처럼 평범한 사람이기를 원한다. 자기처럼 평범한 사람도 위인이 될 수 있다는 위로를 얻고 싶어 한다. 그래서 주인공의 이기적이고 범상한 면은 가려지고 이타적이고 영웅적인 면이 과장된 게 아니냐는 반감을 보이기도 한다.

사실 그런 전기는 얼마든지 있다. 대통령이 된 사람들, 저명한 민주인사들이나 정치인들의 전기 대다수가 그렇다. 그러나 스스로 자신의 목숨을 바친 민주열사, 노동열사들은 분명 정치적 명망을 누린 사람들과는 다른 점을 가지고 있다. 열사들만이 아니라, 어떤 명예나 보상도 바라지 않고 노동운동에 헌신해온 수많은 운동가들도 그렇다.

김종수도 우리처럼 때로는 신경질도 내고 어리석은 판단도 하고, 실수도 하고 싸움도 하며 산 것은 사실이지만, 어린 시절부터 분신하기까지 그의 삶을 일관되게 관통하는 정의감과 이타심은 분명 보통 사람 이상의 것이었다. 따라서 그를 특별한 사람으로 미화하거나 상상해 그릴 필요가 없었다.

이 책은 결코 과장됨 없는, 일부러 꾸미거나 상상할 필요가 없이 있는 그대로 담담하게 그린 김종수 이야기임을 알아주시기를 바란다. 또한 평생을 가난하게 살면서도 노동운동을 위해 모든 것을 바쳐온 수많은 노동운동가들의 이야기일 수 있음을 알아주시기를 바란다.

진정한 선구자는 꿈꾸는 자가 승리한다는 것을 안다. 꿈이 언제 이뤄질 것인가는 그의 관심 밖에 있다. 그래서 선구자들이 뿌린 꿈은 인간의 마음속에 남아 있을 것이다. 꽃처럼, 보석처럼 빛날 것이다.

김종수의 꿈도 마찬가지다. 그가 생명을 바쳐 추구했던 꿈은 인간 평등을 갈구하는 노동자들을 인도하는 빛나는 별의 하나로 남을 것이다.

2021년 1월 안재성

차례

제1부 꿈꾸는 가족

두 개의 강이 시작되는 마을

전라북도 장수군 번암면 국포리 하북마을.

동서남북 어디를 올려다보아도 밭으로 일구기도 힘든 가파른 산비탈이 시야를 가로막고 있는 첩첩 산골이다. 좁고도 깊은 계곡 주변으로는 그림처럼 구불구불한 계단식 논들이 제법 개간되었지만, 많은 논을 가진 집이라야 1000여 평이 고작이었다. 가뭄과 홍수 다 이겨내고 제대로 수확을 한다 해도 한 가족의 1년 양식밖에 되지 않는 땅이었다. 대다수 농가는 몇백 평 논에 보리와 쌀로 이모작을 하여 근근이 생계를 유지했다.

하북마을은 국포리의 중심에 있는 마을로, 개울의 북쪽이라는 뜻이다. 50여 가구밖에 살지 않는 작은 마을이었으나 가장 아래편 평지에 자리 잡아 인근의 산촌 사람들이 모여들기 좋은 곳이었다.

하북마을은 두 개의 강이 시작되는 마을이라 불러도 좋았다. 마을 뒤로 신무산과 팔공산이 연봉을 이루고 있는데 신무산 뜬봉샘에서 발원한 물은 북쪽으로 넘어가 금강으로 흐르고, 팔공산에서 발원한 물은 남쪽으로 내려와 하북마을 앞을 거쳐 섬진강으로 흘러갔다.

금강과 섬진강이 시작되는 산촌 사람들은 봄부터 가을까지 온갖 임산물을 채취해 먹고 살았다. 이른 봄 고사리부터 시작해 두릅, 곰취, 곤드레, 더덕, 버섯 같은 산나물이며 당귀, 천궁, 방풍, 둥굴레 같은 약초까지 닥치는 대로 채취했다. 모은 산채와 약초는 수집하러 마을까지 오는 장사꾼들에게 넘기거나 비포장도로로 15리 떨어진 번암면 면 소재지의 건조장에 가서 건조해서 팔았다.

하북마을에는 국민학교도 있었고 나중에는 보건지소도 생겼다. 방앗간도 있고 술집도 4개나 되었는데, 조그만 마을에 술집이 4개나 되는 이유는 근동의 수백 가구 주민들이 서로 다 아는 사이라 비슷한 세대끼리 모여서 놀기 위함이었다. 조카뻘 되는 이들끼리, 삼촌뻘이나 아버지뻘 되는 이들끼리 각기 다른 술집에 모여 밤새 술을 마시고 화투니 마작 같은 도박을 했다. 농민들의 천성이 나태하기 때문이라고 할 수는 없었다. 열심히 일하고 싶어도 경작지가 없고, 고산지대의 겨울철 농한기는 너무 길었다.

사정이 이러니 사는 형편은 어느 집이나 비슷비슷했다. 어쩌다가 장남이나 보낼까, 국포리 일대에서 고등학교에 진학하는 아이는 거의 없었다. 번암면 전체로 보아도 대학까지 간 아이는 손에 꼽았다. 대부분의 자녀들은 중학교를 졸업하면 도시로 올라가 공장노동자가 되었다. 형편이 더 어려운 집은 국민학교를 갓 졸업한 열네 살짜리까지 도시로 보냈다. 나이 때문에 큰 공장에 들어갈 수 없는 아이들은 서울 청계천 일대의 소규모 봉제공장 같은 곳에 들어가 저임금 장시간 노동에 시달려야 했다.

다들 빈곤을 견디며 근근이 살아가던 이 마을에 또 다른 가난한 가족이 이사를 온 것은 1972년 무렵이었다. 김상배, 이옥선 부부와 네 명의 아이들이었다.

김상배 씨는 원래 금천마을 출신이었다. 금천은 하북마을에서 장수읍으로 넘어가는 고개인 수분재 중턱에 형성된 마을로, 곱돌 광산이 있어 80여 가구나 되었고 사는 형편도 나은 편이었다. 김상배 씨의 부모는 일꾼까지 두고 살았다. 어머니는 막내아들인 김상배 씨가 결혼할 때 며느리에게 금반지를 해주었는데, 금천으로 시집온 여자 중에 금반지를 받은 사람은 처음이라고들 했다.

김상배 씨는 호감이 가는 인상에 차분하고도 듣기 좋은 목소리를 가졌다. 설득력 있는 말솜씨를 가진 그는 대인관계가 넓고 수완이 좋아서 젊은 나이에 제법 돈을 벌었다. 벌목 일을 도급 맡았을 때는 돈을 자루에 담아 다닌다는 소리까지 들었다.

김상배 씨는 꿈이 많은 사람이었다. 앞뒤로 꽉 막힌 산골을 벗어나 대도시에서 살고 싶어 했던 김상배 씨가 고향을 떠난 것은 7년쯤 전인 1965년경이었다. 이웃한 남원군 산동면 출신의 이옥선 씨와 결혼해 낳은 맏아들 종성이 막 돌을 지났을 때였다.

김 씨 일가가 정착한 곳은 부산 해운대였다. 당시 부산 시내에는 하얄리아부대라 불리던 대규모 미군부대가 주둔하고 있었는데 탄약 창고를 경비하는 군무원으로 취업한 것이다. 본래는 1년 전에 들어갈 수 있던 자리였는데 자기보다 어려운 동네 친구에게 양보하고 다음 해에 간 것이었다.

김상배 씨는 해운대 근처에 괜찮은 집을 얻어 살면서 4교대 근무를 시작했다. 기간산업이나 대공장이 거의 없던 시절이었다. 많지는 않아도 일정한 월급이 나오고 근무시간도 짧은 미군부대 군무원은 선망받는 직업이었다. 고향에 살 때부터 사람을 좋아하고 이웃 돕기를 좋아하던 김상배 씨의 해운대 집에는 매일 친인척과 친구들이 찾아왔다. 어려서부터 여유 있게 살아와 돈 무서운 줄을 모르던 김상배 씨는 오는 손님은 전부 받아들여 먹여주고 재워주고 취직자리까지 알선해주었다.

하루 세 끼니 먹는 것도 힘든 시절이었다. 쌀값이 금값 같은데 쉴 새 없이 찾아오는 지인들에게 비싼 쌀밥을 해주고 술까지 대접하니 얼마 안 되는 월급을 타와봤자 보름이면 바닥났다. 김상배 씨는 술은 좋아해도 도박이니 여자를 모르는 사람임에도 벌목으로 번 돈까지 야금야금 까먹었다.

그래도 잇달아 둘째 아들 종수와 큰딸 옥현, 작은딸 미현을 낳으며 행복한 나날을 보내던 김상배 씨가 완전히 망하게 된 것은 남다른 배려심 때문이었다. 고향 사람들을 하나라도 더 취직시키려고 돈을 받아 중개인에게 건넸는데 처음 두어 명은 잘되었으나 나중에는 중개인이 돈만 받아 챙기고 도망을 쳐버린 것이다.

김상배 씨는 자기 재산을 털어 고향 사람들의 돈을 갚아줄 수밖에 없었다. 게다가 사기꾼을 잡으려고 서울로 쫓아다니니 결근이 잦아져 미군부대에서 해고까지 당하고 말았다. 자신이 재워주고 먹여가며 취직시켜준 친척들은 안정된 직장을 얻어 잘살게 되었는데 정작 자신은 알거지가 된 것이다.

빈손이 된 김상배 씨를 품어줄 곳은 고향밖에 없었다. 아내와 네 아이를 데리고 두 개의 강이 시작되는 첩첩산중으로 돌아온 그는 자존심 때문에 본가가 있는 금천마을로 가지 않고 아래쪽 하북마을에 자리 잡기로 했다.

젊은 시절의 부모님 모습

마침 방앗간집의 행랑방이 비어 있었다. 신무산에서 내려온 물길인 교동천과 팔공산에서 내려오는 물길인 요천이 합쳐지는 하북마을 입구에 있는 잘 지어진 방 두 칸짜리 아담한 기와집으로, 방앗간과 외양간으로 이뤄진 바깥채 중 외양간에 딸린 행랑방을 빌린 것이다.

단칸방이나마 머물

곳은 생겼으나 알몸뚱이로 귀향했으니 당장 먹을 쌀도 없었다. 김상배 씨는 다시 산판에 들어가 벌목노동자로 일하고 이옥선 씨는 마을 아낙 들을 따라 험한 산비탈을 누비며 산채와 약초를 채취했지만 굶주림을 면하기 어려웠다.

보다 못한 금천의 큰형이 방아를 찌러 왔다가 형수 몰래 쌀을 숨겨 놓고 가기도 하고, 장수의 남쪽인 남원군 산동면에 사는 장인이 쌀을 가져다주기도 했다. 남원 산동에서 하북마을까지 산길을 당일로 오가 려면 새벽부터 한밤중까지 쉬지 않고 걸어야 했다. 장인은 무거운 쌀 자루를 등에 지고 하북마을의 앞산인 대성산 고갯길을 넘어왔다가 잘 곳도 없으니 땀이 채 식기도 전에 서둘러 돌아갔다. 장인도 아들 넷, 딸 넷을 둔 가난한 살림이었음에도 힘들게 살아가는 막내딸을 위해 그 고 생을 마다하지 않았다.

이듬해, 집주인이 방앗간을 닫고 도시로 이사 가게 되었다. 대지는 백 평 남짓하고 건물도 크지는 않았지만, 마당에 맑은 샘까지 솟아 동 네 공동 우물을 쓸 필요가 없는, 놓치기에는 아까운 집이었다. 가까운 산에서 소나무를 베어 대충 껍질만 벗겨 짓는 보통의 농가들과 달리, 대들보며 서까래가 굵고도 반듯하니 삐뚤어진 것 하나가 없었다. 마루 도 두꺼운 홍송 원목을 짜 맞춘 통마루로, 아이들이 뛰놀아도 진동을 못 느낄 정도로 튼튼했다.

구매를 결심한 김상배 씨는 일단 계약부터 하고 잔금 치를 시간을 넉넉히 얻었다. 그리고 더 열심히 일해 어렵사리 중도금까지는 치렀 으나 잔금을 치르지 못해 거래가 취소될 처지에 몰렸다. 금천 본가의 어머니가 도와주고 방앗간은 사촌에게 넘겨 겨우 잔금을 치를 수 있었다.

자기 땅 한 평 없는, 동네에서 제일 가난한 가족이 근동에서 제일 번듯한 기와집에 살게 된 것이다. 안채에는 부부와 딸들이 살고 외양간에 딸린 문간방은 남자아이들과 손님들이 자는 사랑방으로 삼았다. 몸은 가난해도 마음만은 풍요로운 행복한 시간의 시작이었다.

정원이 아름다운 집

집주인이 된 김상배 씨는 먼저 아이들 숫자대로 네 그루 호두나무 묘목을 집 둘레에 심고 마당에는 온갖 종류의 화초와 꽃나무를 심어 가꾸기 시작했다.

가혹한 식민지 36년을 견뎌내자마자 터진 잔혹한 6·25전쟁이 끝난 지 아직 20년이 안 된 때였다. 격전지였던 수분재 능선에서는 아직도 남북 어느 편인지도 알 수 없는 희생자들의 유골이 발견되고 있었다.

전쟁은 장수 사람들에게 아물기 힘든 큰 상처를 남겼다. 1945년 해방이 되면서 시작된 좌우 대립의 혼란 속에서도 장수는 비교적 조용하여 미군이나 국군도 주둔하지 않았다. 그런데 1950년 6·25전쟁이 터지고 이현상이 이끄는 공산주의 유격대인 남부군이 장수군에 들어오자 청년 470명이 이에 동조해 산으로 올라갔다. 그러자 뒤따라 장수에 들어온 국군 11사단은 유격대 입산자의 가족을 포함한 600여 명의 산간 주민들을 이웃한 임실군 청웅면 폐광으로 끌고 가 불을 지르고 도 망쳐 나오는 이들은 총으로 쏘아 모두 살해해버렸다.

어린애와 노인들이 포함된 600여 명의 주민 중 살아남은 이는 어린 소녀 한 사람뿐이었다. 학살을 지휘한 국군 장교의 집에서 식모살이를 했던 소녀였다. 장교의 도움으로 살아남았으나 정신이상이 되어 평생 비참하게 살던 소녀는 2007년이 되어야 참혹했던 그날을 증언한다.

이현상의 인민유격대에 자원해 산에 올라간 470명의 청년들 중 아무 도 장수에 돌아오지 못했다. 대부분 산중에서 죽었거나 살아났더라도 감옥과 죽음이 기다리는 고향으로 돌아올 수 없었을 것이다.

이 아픈 기억들이 어제 일처럼 생생한 시절이었다. 제각기 아픈 상처 를 숨긴 채, 생존의 위협과 싸워온 가난한 농민들은 집 안에 화단을 가 꿀 여유를 갖지 못했다. 하지만 김상배 씨의 집은 근동에서 가장 아름 다운 정원을 가진 집이었다.

고풍스럽게 잘 만들어진 육중한 나무 대문을 밀고 들어가면 담장을 따라 호두나무, 감나무, 사철나무, 가죽나무들이 늘어선 사이로 황매 화, 죽단화, 불두화 같은 귀한 꽃들이 철 따라 화사한 꽃을 피웠다. 김 상배 씨의 집은 자연스럽게 마을 아이들의 구경거리이자 놀이터가 되 었다. 꽃이 필 때면 아들, 딸들의 친구들이 꽃구경을 왔다.

김상배 씨가 심은 네 그루 호두나무는 나날이 자라서 기와지붕의 절 반을 덮었다. 그 사이 막내아들 종문과 막내딸 수연까지 태어나 여섯 형제자매가 되었다. 가을이면 형제들끼리 목마를 타고 호두를 땄는데 나무가 더 커진 후에는 몸이 제일 가벼운 막내아들 종문이 뒤란의 감나무를 타고 지붕에 올라가 호두를 따서 형들에게 던져주었다.

김상배 씨 부부는 여섯 아이를 키우기 위해 다른 사람들처럼 열심히 일했는데 늘 아이디어가 넘치는 김상배 씨는 동네 사람들이 하는 보통 농사가 성에 차지 않았다.

김상배 씨는 보다 큰돈을 벌어보려고 당귀, 작약, 숙지황 같은 약초며 당근, 땅콩 같은 색다른 농작물을 시도했다. 마을에서 제일 먼저 경운기를 산 사람이기도 했다. 소를 부려 농사를 짓던 사람들에게 경운기는 기적과 같은 기계였다. 새로운 문명을 받아들이는 일은 돈으로만 가능한 게 아니었다. 돈이 있는 사람도 도입을 망설이던 1970년대 초반에 김상배 씨는 경상남도 진주의 대동공업사까지 직접 내려가 경운기를 산 다음, 운반비를 아끼기 위해 장수까지 머나먼 비포장 길을 달려왔다.

하지만 김상배 씨의 선진적인 농업은 매번 실패로 돌아갔다. 공동작업을 하는 작목반이 있어야 생산비를 줄이고 판매도 원활할 텐데 혼자서 기술도 없이 생소한 농사를 짓다 보니 실패할 수밖에 없었다. 한때는 마을 앞 개천을 이용해 오리도 키워보았으나 역시 돈이 되지 않았다. 김상배 씨는 끊임없이 새로운 영농을 시도하면서 틈틈이 부동산 거래를 중개하기도 하고, 허약한 몸으로 저수지 제방 공사장에서 막노동도 하며 생활비를 벌었다.

이옥선 씨도 억척스럽게 일했다. 이른 봄부터 늦가을까지 쉬지 않고 산에 올라 약초와 산야채를 채취하고 겨울이면 눈에 덮인 위험한 능선을 헤매고 다니며 땔나무를 해 팔았다. 막내딸로 곱게 성장한 데다 결흔하고도 줄곧 도회지 부산에 살아 땔나무를 할 줄 몰랐던 이옥선 씨였다. 처음 마을 아낙들을 따라 겨울 산을 오를 때는 미끄러지기도 하고 나뭇단 묶는 일에 서툴러 손을 다치기도 했는데 점차 익숙해졌다. 다른 아낙들은 손에 잡히는 대로 대충 나무를 묶어 부피만 크지, 속은 엉성했다. 이옥선 씨는 속까지 꽉 채워 야무지게 나무를 묶었기 때문에 그녀의 나뭇단은 크기는 같아도 무겁고 실해서 번암면 소재지까지 인기가 좋았다.

힘들게 살면서도 김 씨 부부는 낭만을 잃지 않았다.

크리스마스를 모르는 산골이었는데 김상배 씨는 매년 12월 24일이면 동네 아이들을 위한 큰 파티를 열어주었다. 평소에도 자기 집처럼 김 씨네 집에 드나들던 조카들이며 동네의 아이들까지 다 모여 떡과 음식을 나누며 놀았다.

눈이 쌓인 겨울이면 아들들을 데리고 사냥을 다니는 것도 김상배 씨의 낭만이었다. 공기총을 들고 들과 산을 누비고 다니며 토끼와 꿩, 참새를 잡았다. 김 씨네 아들들이 어깨에 주렁주렁 참새며 꿩을 메고 오는 날이면 동네 아이들의 잔치가 벌어졌다. 달리 놀거리가 없는 아이들을 위해 눈썰매를 만들어 태워주는 것도 김상배 씨의 일이었다.

멋을 아는 부부이기도 했다.

도회지 아이들과 달리 산골 아이들은 국민학교에 들어가면 빡빡머리를 했다. 이발비도 아끼고 머릿니도 막기 위함이었다. 김상배 씨는 바리캉을 사다가 동네 아이들의 머리를 무료로 밀어주었는데 자기 아이들만큼은 빡빡 밀지 않고 상고머리로 다듬어주었다. 김상배 씨와 딸들의 머리칼은 이옥선 씨가 가위로 다듬어주었는데 솜씨가 좋아서 이발소나 미장원 가는 것보다 나았다.

보통의 시골 아이들은 겨울이면 제대로 씻지 않아 손등이 새까맣게 더러워지고 터서 피부가 갈라지기 마련이었다. 그러나 김 씨네 아이들은 뽀송뽀송한 손등을 그대로 유지했다. 어머니 이옥선 씨가 매일 저녁 따뜻한 물을 데워 씻겨주기 때문이었다. 아이들이나 부모나 어디가도 표가 날 수밖에 없었다.

도회지 생활을 하고 온 김 씨 부부는 외출할 때도 다른 농부들과 달리 몸에 잘 맞는 양복에 단정한 양장을 입었다. 헐렁한 몸뻬 바지나 흰 치마를 입고 다니던 시골 여자들과 달리, 이옥선 씨는 밭일을 할 때도 도회지 여자들처럼 긴 원피스를 입었다. 동네 할머니들은 아이가 여섯이나 되는 주부임에도 그녀를 '이쁜 각시'라고 불렀다.

1980년대 들어서 일이지만, 컬러텔레비전도 마을에서 제일 먼저 들인 집이 김상배 씨네였다. 다른 집들은 흑백텔레비전에 국영방송이라 재미없는 KBS밖에 나오지 않았는데 김상배 씨네 컬러텔레비전은 MBC까지 잡혔기 때문에 만화영화를 하는 저녁이면 동네 아이들이 다 모여들어 방이고 마루고 앉을 틈이 없었다.

아버지를 닮아 천성이 베풀기를 좋아하는 김 씨네 아이들은 아무리 사람이 많이 와도 반겨 맞았고 화면이 잘 나오도록 지붕에 매단 외부 안테나를 조절해주었다. 다른 집들도 컬러텔레비전을 사서 안테나를 달게 되면 김 씨네 아이들이 나서서 조립해 설치해주었다.

아이들이 커가면서 김상배 씨는 늘 강조했다.

"아무리 가난해도 자존심을 지키며 당당하게 살아야 한다. 이 사회 어디를 가더라도 항상 어깨를 쫙 펴고 살아라. 누구에게도 굽실거리지 말고 불합리한 것이 있으면 즉시 말해서 고칠 수 있도록 해라."

유별난 자존심은 어머니 이옥선 씨도 같았다. 봄철 춘궁기가 오면 여자들이 이웃에게 쌀을 빌리러 다니는 일이 흔했다. 그러나 이옥선 씨는 남에게 아쉬운 소리를 못 하는 사람이었다. 어두컴컴해지도록 밭둑을 헤매며 냉이를 캐서 밀가루죽을 끓여줄망정, 남에게 쌀을 빌려달라는 말을 못 했다. 그렇다고 아이들을 굶긴 적도 없었다. 어떻게든 자투리땅을 활용해서 옥수수라도 심어 겨울에 대비했다.

이런 부모를 보고 자란 김 씨네 아이들은 여느 집 아이들과 달랐다. 나중 일이지만, 친구들과 식당에 가면 밥 좀 꽉꽉 눌러 담아달라거나 고기 좀 많이 넣어달라고 하는 이들이 있기 마련이었다. 김 씨네 아이들은 남들과 같은 돈을 내면서 왜 그런 부탁을 하는지 이해를 못 하고 싫어했다.

부모나 아이들이나 김 씨네 식구들은 남에게 신세 지기를 싫어할 뿐 아니라, 언제나 인심을 베푸는 쪽이었다.

김상배 씨는 거지가 구걸을 오면 대청마루로 불러올려 제대로 밥상을 차려서 대접하게 했다. 자신의 식사 시간과 겹치면 냄새나는 거지와 마주 앉아 겸상을 했다. 저녁이 되어 찾아온 거지는 어두운 산길로 내보내지 않고 사랑방에서 아이들과 함께 재웠다. 아이들이 냄새난다고 싫어하면 아이들을 안방에서 재우고 자기가 거지와 같이 잤다.

거지만이 아니었다. 인심 좋은 김상배 씨의 집에는 손님이 끊이지를 않았다. 먼 산촌에서 일을 보러 내려온 사람들이며 친구들이 빼놓지 않고 들러서 밥을 얻어먹고 때로는 며칠씩 자고 갔다. 해운대에서 그랬듯이, 이옥선 씨는 어떤 날은 한밤중에도 밥상을 차려 손님 대접을 해야 했다.

여섯 아이가 커가면서 하교 시간이면 큰애, 작은애 할 것 없이 거의 매일 친구들이 찾아와 사랑방에 모여 놀았다. 이옥선 씨는 아이들의 친구들에게도 기꺼이 뭐라도 먹여서 보냈는데 간식 하나라도 남다르게 했다. 남은 국수를 말려놨다가 튀김을 해주기도 하고 흔한 감자전 대신 감자를 채 썰어 기름에 튀겨주어 인기를 얻기도 했다.

아이들은 부모의 행동을 통해 배운다. 김 씨 부부는 돈을 많이 버는 방법은 가르쳐주지 못했으나 사람답게 사는 것, 자긍심을 갖고 사는 게 어떤 것인가를 가르쳐주었다.

하북마을 입구에는 삼거리가 있었다. 수분재 고개에서 급경사를 타고 내려온 19번 국도와 장말치고개에서 내려온 장남로가 시멘트 다리로 합쳐지는 작은 삼거리였다. 훗날 길을 넓히면서 경사로를 깎아내고 다리는 높여 운전자의 시야가 확보되지만, 1980년대까지는 세 갈래에서 달려온 차들이 서로를 보지 못해 충돌하곤 했다.

김상배 씨는 교통사고가 날 때마다 제일 먼저 달려가 차에 갇힌 부상자를 구조하고 이불에 싸서 병원까지 후송했다. 자기 옷이 부상자의 피로 젖어도 상관하지 않았고 가난한 시골집 살림으로는 귀한 재산인 이불을 못 쓰게 되어도 상관하지 않았다. 그러고도 보상 한 푼 받은 적이 없었다. 보상을 해준다 해도 받을 사람이 아니었지만, 김상배 씨 덕분에 병원에 실려 가 살아난 사람 중 누구도 감사의 인사를 하러 찾아온 이가 없었다.

한때는 낯선 외지 남자가 시골에서는 보기 드문 미인을 데리고 마을에 들어와 구멍가게를 한 적이 있었다. 깡패 출신인 듯한 그 남자는 마을 사람들을 안하무인으로 대하고 술만 취하면 아내를 두들겨 팼다. 이유는 알 수 없으나 그 남자가 유일하게 어려워하는 이는 김상배 씨뿐이었다. 평소에도 형님, 형님 하며 허리를 조아려 인사했다. 이를 아는 그 아내도 남편이 술에 취해 때리면 김상배 씨 집으로 도망쳐왔다. 김상배 씨는 아내를 내놓으라는 남자를 타일러 돌려보내고, 아이들 방을 비워 그 아내를 며칠 묵고 가도록 했다.

인정 많은 아버지로부터 이타주의를 배웠다면, 어머니로부터는 명석함을 물려받은 아이들은 국민학교에 들어가기만 하면 줄곧 1등을 하여 교사들의 사랑을 독차지했다. 국포국민학교에는 당시로는 드물게 장학제도가 있었다. 부유한 면사무소 산림과장이 개인적으로 주는 장학금이었다. 둘째 아들 김종수부터 김미현, 김수현까지 세 아이가 받았다. 아이들이 받아온 우등상장과 개근상장은 너무 많아 어디 걸어놓을 데도 없었다.

동네 사람들은 자기들보다 더 가난한 김상배 씨 부부의 이 당당함을 좋아하지 않았다. 없는 주제에 거지들을 불러들여 겸상까지 하는 모습이며 삼거리에서 사고가 날 때마다 정의의 사도 역할을 하는 것도 못마땅해했고 그 집 자녀들이 우등상을 독차지하는 것도 질투가 났을 것이다. 마을 사람들은 노골적으로 김상배 씨를 따돌렸고, 부산에 살 때 월급을 털어 숙식을 제공하고 직장까지 잃어가며 도와주었던 고향 사람들은 빈한해진 그와 아내를 외면해 마음의 상처를 주었다.

그래도 행복했다. 가난을 견디지 못한 위의 세 아이가 집을 떠나기 시작한 1981년도까지 10년은 하북마을 김 씨 가족에게 더없이 행복한 시간이었다. 가난보다 슬픈 것이 이별임을 알게 되기 전까지는.

산골 아이들

김종수가 태어난 것은 1966년 3월 21일, 김 씨 일가가 부산 해운대에 살 때였다. 맏이 김종성과 두 살 터울 진 둘째 아들이었다.

김 씨 일가가 번암면으로 돌아왔을 때, 김종수는 여섯 살이었다. 어린 종수는 기계를 좋아했다. 조카가 방앗간을 운영하고 있었는데 전기 모터가 아니라 무쇠 덩어리 시커먼 발동기로 돌리는 구식 시설이라 소리도 엄청나고 위험했음에도 무서워하지 않고 이리저리 기계를 만져보며 용도를 궁금해했다. 한 번 가르쳐주고는 이건 뭐 하는 기계냐고 물어보면 배운 대로 정확히 답했다. 3월생이니 여덟 살에 국민학교에 넣어야 하는데 아들을 영특하게 본 김상배 씨는 일곱 살에 입학시켰다.

국포국민학교는 하북마을에서 수분재 쪽으로 400미터쯤 올라가는 산기슭에 있었다. 농촌인구가 감소하면서 1990년대를 못 넘기고 폐쇄되지만, 김종수가 입학할 당시만 해도 한 집에 6, 7명을 낳은 게 보통이던 다산의 시대라서 그래도 한 학년에 50명이 넘어 300여 명의 전교생이 복작거렸다.

산골 아이들에게는 자연 그 자체가 놀이터였다. 하북마을 앞 요천은 1987년 장남저수지가 완공되면서 수량이 줄어들었지만, 이전에는 꽤 큰 개울이었다. 다리가 있는 삼거리 바로 아래, 교동천과 요천이 합쳐지는 곳에는 큰 느티나무가 울창한 나뭇가지를 펼치고 서 있었다. 마을 사람들이 복을 비는 당산나무였다. 당산나무 아래에는 마셔도 되는 맑은 물이 찰랑거리는 넓은 소가 있어 여름이면 아이들의 놀이터가 되었다. 아이들은 온종일 입술이 새파래지도록 수영을 하고 다이빙을 하며 놀았다.

김종수도 여름 내내 당산나무 밑에서 살다시피 했다. 김상배 씨는 트럭 운전을 하는 조카로부터 대형트럭 타이어에 들어가는 큰 튜브를 얻어와 아이들에게 주었다. 검정색 튜브는 크고도 두터워서 몇 명이 매달려도 물에 빠지지 않았다. 김 씨네 아이들은 물론 동네 아이들도 교대로 튜브를 타며 놀았다.

종일 물속에서 놀다 배가 고파지면, 아이들은 19번 국도를 지나는 화물차에서 무 같은 농산물을 훔쳐 먹기도 했다. 차량의 성능이 좋지 않던 시절이라 수분재 쪽 가파른 경사로를 올라가는 트럭은 뛰는 것보다도 느렸다. 수분재에서 번암면 소재지로 내려가는 트럭도 사고가 잦은 급커브라 속도를 줄였다. 길모퉁이에 숨어 있던 아이들은 속도를 줄인 트럭 뒤에 매달려 무를 훔쳤다. 트럭 운전사는 위험한 길이라 앞만 보았고, 설사 아이들을 발견한다 해도 언덕길에서 트럭을 세우면 다시 출발하기 힘드니 그냥 가버렸다.

물고기 잡이는 아이들의 즐거운 놀이이자 영양 보충 역할을 했다. 개울에는 가재와 피라미부터 산천어, 꺽지, 빠가사리 같이 귀한 물고기가 널려 있었다. 아이들은 봄부터 가을까지는 족대로 물고기를 잡고, 산천이 꽁꽁 언 겨울이면 개울의 얼음을 깨고 개구리를 잡거나 논바닥의 진흙을 삽으로 떠내어 미꾸라지와 우렁이를 잡았다. 어머니들은 아이들이 잡아 온 물고기를 푹 익혀 살만 발라낸 후 된장, 파, 마늘, 들깻가루 같은 양념을 듬뿍 넣어 남방식 어탕을 끓여주거나 아니면 무와 고춧가루를 넣어 맛있는 매운탕을 끓여주었다. 찌개에 넣는 두부와 콩나물도 모두 집에서 만들거나 키운 것들이라 더 고소했다.

학교생활도 즐거웠다.

학교에는 폭력을 일상으로 아는 교사들이 있었다. 어떻게든 사소한 트집거리를 잡아 어린 초등학생들에게 주먹과 몽둥이를 휘두르는 교사도 있었는데 그 부인이란 사람은 안티푸라민을 상비하고 다니며 자기 남편에게 매 맞은 아이들의 멍든 곳에 발라주었다. 남편의 폭력을 만류할 생각은 않고, 너희들이 맞을 짓을 했으니 맞은 것뿐인데 자기가 자선을 베푼다는 태도였다.

하지만, 자기만의 철학을 가지고 진심으로 학생들을 위해 일하는 교사가 더 많았다. 시골 학생들이 문화적인 혜택을 못 받고 고립된 것을 안타깝게 여기고 자기 돈으로 동화책을 사서 나눠주는 교사도 있었다. 어떤 교장은 새로 부임해 온 날 전교생을 모아놓고 자신이 사는 대지부터 사랑하라고, 길가의 야생화 한 송이, 잡초들의 이름부터 외우고 그 습성을 공부하는 것으로부터 시작하라고 조언하기도 했다. 학생들로부터 존경과 사랑을 받은 교장이었다.

비록 동서남북이 꽉 막힌 산속에서 학용품 하나 제대로 살 수 없을 만큼 가난하게 살아도, 누구나 꿈이 있었다. 학교가 자리한 대성산은 하북마을의 남쪽에 솟아 있는 해발 882미터 준령으로, 마을의 상징이라 하여 안산이라고 불렸다. 번암면 사람들은 예로부터 대성산 기슭에서 큰 인물이 많이 나왔다고들 했다. 교가는 이렇게 시작되었다.

"대성산 높은 정기 가슴에 안고…."

김종수의 형제자매들도 학교에서 많은 것을 배웠다. 그러나 어떤 교사보다도 많은 것을 가르친 이는 아버지와 어머니였다. 두 사람은 아이들에게 매를 들거나 잔소리를 하는 일이 없었다. 두 사람은 말이나 매가 아니라 본인들의 행동을 보고 배우게 했다.

동네 아이들은 거지가 나타나면 돌까지 던지며 놀렸으나 아버지의 행동을 보고 자란 김종수의 형제들은 절대 그러지 않았다. 마을의 다른 어른들은 삼거리에서 교통사고가 나도 끔찍하다고 피하거나 불쌍하다면서도 구경만 하는데, 마치 자기 식구가 다친 듯이 헌신적으로 부상자를 돌보는 아버지를 보며 진정한 인간애가 무엇인가를 배웠다.

부모의 모습을 보고 자라난 김종수도 친구를 좋아했다. 학교가 끝나면 꼭 친구들을 집에 데려와 방 안에다 수수깡을 원통처럼 엮은 망 안에 저장해놓은 당근이며 고구마를 깎아 먹으며 놀았다. 당근은 아버지가 특용작물을 시도하며 심은 것으로, 귀하기도 하고 비싸기도 했는데 친구들에게 아낌없이 나눠줬다.

모두와 친했던 것은 아니다. 같은 해에 태어난 아이가 하북마을만 해도 스무 명에 이르던 시절이니 아이들의 성격도 가지가지였다. 가난하기는 해도 문화적으로는 다른 집보다 풍족하게 살아가는 김 씨 일가에 대한 마을 어른들의 질시는 동네 아이들에게도 전염되었다. 김 씨네 아이들이 산림과장 장학금을 받는다거나 값싼 회색 가방 대신 '룩색'이라 불리던 가죽 가방을 메고 다니는 모습을 보면 공공연히 질투하며 시비를 걸었다.

아이들의 표적이 된 것은 맨 처음 학교에 들어간 형 김종성이었다. 부산에서 아버지가 사준 룩색에 늘 깔끔한 복장으로 등교하는 그를 가만두지 않았다. 체격이 작고 성격이 무르다 보니 더 그랬다. 그럴 때마다 고학년인 사촌 형들이 편을 들어주었으나 한계가 있었는데 동생 김종수가 국민학교에 들어가면서 상황이 바뀌었다.

부산에 살 때, 동네 애들이 형을 때리거나 자기 집 욕을 하면 혼자 달려가 장독대에 돌이라도 던지고 오던 김종수였다. 어머니는 장독값을 물어주게 되어 화가 났다가도 사연을 들어보면 야단을 칠 수가 없었다.

국민학교에 들어간 김종수는 형이 아이들에게 당할라치면 온몸을 던져 맞서 싸웠다. 아홉 살에 입학한 아이도 많던 시절이었다. 본래 체구가 작은 데다 일곱 살에 입학한 김종수는 싸움 상대가 되지 못했음에도 아무리 얻어맞아도 상관하지 않고 겁 없이 덤벼드니 고학년들도 독종이라며 피했다.

형만 보호한 게 아니었다. 뒤따라 여동생들이 차례로 국민학교에 입학한 후에는 누가 동생을 때리거나 괴롭히면 곧바로 달려가 혼을 내주었다. 김종수 덕분에 동네 아이들이나 학교 친구들이나 김 씨네 아이들에게는 시비를 걸지 못했다.

김종수가 싸움을 잘해서는 아니었다. 누구에게도 지지 않으려는 기세가 있기 때문이었다. 보통 아이들은 자기보다 힘이 세 보이면 싸움을 피하거나 비굴해지기 마련인데 그는 누구 앞에서도 기가 죽지 않았다. 열 대를 맞더라도 한 대를 때릴 수 있으면 싸우겠다는 식이니, 키가 한 뼘은 더 큰 동급생들도 김종수를 대장으로 삼아 어울렸다.

선생들이나 친구들이나 김종수를 불량 학생으로 보지는 않았다. 공부를 잘하기도 했거니와 과묵하니 조용한 성격 때문이었다. 평소에는 오히려 부드러운 성격이었다. 때문에 여자아이들도 김종수를 좋아했는데, 동갑내기 사촌들인 고모 딸들은 내내 단짝으로 붙어 다녔다.

아침마다 구멍 나지 않은 양말을 신으려고 서로 먼저 일어나고, 중학교에 가서는 버스비 15원이 없어 울곤 하는 빈곤한 생활이었으나 김상배 씨네 여섯 형제의 우애는 깊었다. 그중에도 둘째 김종수의 가족 사랑은 유별났다. 어려서부터 그랬고 커서는 더 그랬다.

엄마의 아들

1979년 3월, 김종수는 번암면 노단리에 있는 번암중학교에 입학했다.

번암면 소재지가 있는 노단리는 하북마을을 지나는 19번 국도를 따라 남쪽으로 5킬로 거리에 있는, 일대에서는 가장 큰 마을이었다. 남으로는 지리산, 북으로는 덕유산으로 이어지는 해발 1000미터 전후의 고봉들로 둘러싸인 분지로, 사시사철 아름다운 풍광을 자랑하는 곳이었다. 노단리 가운데로는 강이라고 불러도 좋을 만큼 넓은 하천이 흘렀는데 하북마을에서 내려온 요천이 다른 물줄기들과 합쳐진 물길로, 남원과 곡성을 지나고 구례를 거치는 섬진강 줄기였다.

번암중학교는 요천을 가로지르는 긴 다리를 건너 봉화산 기슭 둔덕에 자리 잡아 전망이 확 트인 시원한 학교였다. 오늘날에는 한 학년에 10명도 안 되지만, 개교 10년째인 당시에는 학년마다 3개 반이 있었고,

처음 발령받아 교육자로서의 의욕이 넘치는 젊은 교사들도 많았다.

김종수도 학교생활에 만족했다. 다부지기는 해도 여전히 작은 체격임에도 약한 아이나 여자애들을 괴롭히는 꼴을 보지 못하고 덤벼드는 그를 친구들은 의리파, 정의파로 불렀다. 예쁘장한 얼굴이라 여학생들이 더 좋아했다.

국포리에서 학교까지 자전거를 타고 통학하는 친구들은 있었지만 걷기에는 먼 거리였다. 장수와 학교를 오가는 버스로 통학했다. 하루에 몇 차례만 운행하는 완행버스였는데 차장은 남자였다. 등하교 시간이면 학생이 너무 많아 안으로 들어가지 못하고 버스 문에 매달린 학생들을 남자 차장이 구겨 넣어야 했다. 차장은 안으로 더 들어가라고 소리를 쳐대고 짓눌린 학생들이 비명을 지르는 와중에도 좌석에 앉은 어른들은 담배를 뻑뻑 피워댔지만 아무도 뭐라고 하지 않았다. 버스나 식당에서 담배 피우는 게 당연시되던 시절이었다.

김종수와 형 김종성에게 괴로움이 있다면 만원 버스가 아니라, 버스비였다. 한 번 타는 데 15원을 내니 두 형제에게 매일 왕복 60원이 필요했다. 밑으로 세 동생도 국민학교에 다니니 학용품값도 필요했다. 어머니가 채취한 산채와 약초를 파는 날이나 약간의 현금이 생길까, 평소에는 돈 들어올 구멍이라곤 없는 집이었다. 아침마다 서로 돈을 달라고 손을 내미는데 줄 수 없는 부모의 속은 탈 수밖에 없었다. 남에게 손을 벌릴 줄 모르는 부모라서 더 그랬다. 여동생들의 월사금과 학용품값을 미루더라도 차비는 해주었고, 그러다 보면 아침부터 울음소리가 나기 마련이었다.

며칠 늦더라도 어떻게든 아이들에게 필요한 돈을 마련해주는 것은 어머니 이옥선 씨였다. 그녀가 아이들을 때리거나 야단치는 일이라곤 거의 없었다. 성격이 물러서가 아니라, 그럴만한 시간조차 없이 일을 했기 때문이었다. 그녀는 여섯 명이나 되는 아이에게 먹을 것과 입을 것, 학비를 대주기 위해 돈을 버는 것만으로도 너무 힘들어 옆도 뒤도 바라볼 새가 없었다. 남의 집에서 쌀을 빌려 먹는 걸 '쌀됫박질'이라고 했다. 누구네 집에서도 쌀됫박질을 하지 않고 어떻게든 걷어 먹이려고 혼신을 다했다.

말로 표현한 적은 없어도 이옥선 씨를 버티게 한 신념이 있다면 오직 하나, 아이들을 기죽지 않게 키우겠다는 것이었다. 그리고 어머니의 그런 마음을 가장 잘 이해하고 공감한 자식이 김종수였다.

아버지가 새로운 특용작물을 시도하다가 실패하거나 하면 어머니와 말다툼이 생기기 마련이었다. 그럴 때면 김종수는 꼭 어머니 편을 들었다. 하루 종일 허리 펼 새 없이 김을 매고, 밭으로 만들 수도 없는 험한 산비탈을 누비며 산야채를 채취하는 어머니의 고생을 누구보다도 안타까워하는 아이였다.

한번은 수확한 담뱃잎을 말리는 문제로 부모가 다툰 적이 있었다. 담뱃잎을 묶어서 담배 건조장에 거꾸로 매달아 말리는데 뭔가 사소한 문제로 말다툼이 벌어졌다. 이때도 김종수는 어머니 편을 들어 아버지에게 대들었다.

"아버지는 왜 엄마에게 그러세요?"

화가 난 아버지가 야단을 치자 집을 나가버렸다. 저녁이 되어도 돌아 오지 않아 막내아들 종문과 어머니가 찾아다니다 담배 건조장에 쪼그려 잠든 종수를 발견했다.

타고난 성품이며 행동거지, 생긴 모습까지 아버지를 꼭 닮았지만, 김종수가 제일 걱정하고 사랑한 사람은 어머니였다. 그래서 여동생들은 말했다.

"큰오빠는 아버지의 아들이고, 작은오빠는 엄마의 아들이야."

아버지는 김종수가 제 엄마 편만 든다고 타박했지만, 둘째야말로 자신을 가장 많이 닮았다는 걸 잘 알고 있었다. 자기처럼 정의감과 이상만 높아 현실에 적응하지 못할까 봐 걱정이 되었을까? 아버지는 여섯 자식 중에 김종수를 제일 걱정하고 아단도 많이 쳤다.

어머니에 대한 애정이 유달랐던 김종수는 학교를 마치고 오면 어머니를 도와 밭일을 하는 때가 많았다. 형과 친구들은 개울로 물고기 잡이를 다녀도 김종수는 어머니를 도와 일하다가 해가 저물어 어둑어둑해져서야 돌아오곤 했다.

중학생 종수의 꿈이 있다면 오직 하나 경제적으로 잘사는 것이었다. 그는 다른 아이들과 달리, 군인이나 소방관이 되고 싶다느니, 영화배우나 가수가 되고 싶다는 식의 꿈을 말한 적이 없었다. 지긋지긋한 가난에서 벗어나고 싶은 마음은 다른 형제자매들도 같았지만, 사랑의 유전자가 너무 많았던 김종수에게는 더욱 절실했다.

홍수환, 유제두, 염동균, 박종팔 같은 한국 권투선수들이 잇달아 세계 챔피언 벨트를 따올 때였다. 1970년대 초부터 80년대 중반까지, 권투는 축구와 함께 한국인이 가장 열광하는 스포츠였다. 대개 가난한 집안에서 태어나 모진 고생 끝에 챔피언이 된 권투선수들은 국민적 영웅이 되었을 뿐 아니라 돈도 많이 벌었다.

온 나라에 권투 바람이 불면서 김종수도 나무에 샌드백을 걸어놓고 연습을 하며 동생들에게 다짐하곤 했다.

"꼭 세계 챔피언이 되어 돈을 많이 벌어올 거야. 엄마 고생 그만하게 내가 돈을 아주 많이 벌어올 거야. 너희들도 대학교까지 가르칠 거야."

권투선수의 꿈은 성인이 되도록 이어졌으나 끝내 이룰 수 없었다. 서울서 공장 생활을 할 때였다. 권투를 배우려고 도장에 다니는데 사범이 선수가 되기는 포기하라고 했다.

"너는 안구가 앞으로 튀어나와서 안 돼. 눈에 주먹을 맞으면 앞이 안 보이거든. 콧대도 너무 높아서 코피 터지기 딱 좋아."

성공한 권투선수들은 대개 광대뼈와 이마가 나오고 안구는 쑥 들어가 있다고 했다. 콧대도 납작했다. 실망한 그는 자신이 쓰던 권투 장갑과 샌드백을 시골집에 가져와 종문이 쓰도록 했다. 낙엽송을 'ㄱ' 자 모양으로 잘라 땅속에 깊이 묶고 쇠사슬로 샌드백을 매달아주었다. 낙엽송 샌드백은 소나무로 만든 평행봉과 함께 막내와 친구들의 놀이터가 되었다.

잔정이 많은 김종수였다. 금천 큰집에 가거나 남원 이모집에 가면 용돈을 받았는데 자기를 위해 쓰는 법이 없었다. 하교하면서 핫도그나 도넛을 사서 동생들에게 나눠주었고 설날 세뱃돈이라도 받아 여유가 있을 때는 물총을 사 오기도 했다. 소리 나는 딱총과 화약을 사다 준 적도 있었다. 종문이 국민학교에 들어갔을 때는 필통과 연필을 사주기도 했다.

중학교 2학년 때 수학여행을 갔는데 김종수는 여행비라고 준 돈을 자기를 위해서는 하나도 안 쓰고 식구들 선물을 사 왔다. 선물 가게에서 아무거나 고른 게 아니라 식구들의 감성을 다 기억해서 각자 좋아하는 물건으로 사 왔다. 막내를 위해서는 장난감 오리를 사 왔는데 오리 궁둥이를 툭툭 때리면 꽉꽉 소리 내며 돌아다녀 식구들의 폭소를 자아냈다. 평소 과묵했던 그였지만 동생들과는 대화도 잘했고 동생들을 웃기려고 익살스러운 표정도 잘 지었다.

아버지가 오리를 키울 때도 김종수가 일을 제일 많이 했다. 오리장에서 오리들을 개울로 몰고 나갔다가 지녁에 다시 오리장으로 몰아오는 게 일과였다. 암컷들이 날카로운 바위 틈새 여기저기에 낳아놓은 알을 줍는 일은 쉽지 않았다. 친구들과 놀다가도 저녁 무렵이면 개울을 돌아다니며 알을 주웠다.

오리를 몰 때는 긴 대나무 막대를 사용했는데 휘휘 젓다 보면 오리를 죽이는 수도 있었다. 희한하게도 오리들은 몸통은 돌멩이로 맞아도 죽지 않지만, 대나무를 휘젓다가 잘못해서 뒤통수를 치면 바로 죽어버렸다. 그런 날은 죽은 오리로 백숙을 해 먹었다.

아버지의 꿈과 달리, 오리도 돈이 되지 않았다. 겨울밤이면 동네 청년들이 화투를 하며 몰래 훔쳐 가서 잡아먹기도 하고, 오소리나 너구리 같은 야생 짐승에게 물려 죽는 오리도 적지 않았다. 어머니는 돈도 안 되는 오리를 키워서 둘째 아들만 고생시킨다고 불만이 많았다.

어머니는 남편에 대한 불만이 많았지만, 아버지는 나름대로 최선을 다하고 있었다. 아버지는 5일마다 열리는 번암장에 가면 값싼 돼지머리나 소머리를 사 오곤 했다. 평소에 고기를 먹이지 못하는 아이들에게 영양 보충을 시키기 위함이었다. 어머니는 징그러운 소, 돼지의 머리를 통째로 가마솥에 넣고 장작불로 푹 삶아 고기만 발라낸 다음, 보자기에 싸서 돌을 얹어 꼬들꼬들하게 눌러놨다가 먹기 좋게 썰어 내놨다. 비위가 약한 동생들은 잘 먹지 않았는데, 김종수는 양 볼이 튀어나오도록 잔뜩 입에 넣고 우걱대며 연신 말했다.

"아, 맛있다! 엄마! 너무 맛있어요. 너희들도 많이 먹어라."

김종수라고 비위가 좋은 건 아니었다. 다른 형제들처럼 비위가 약해서 민물 생선도 잘 못 먹는 그였다. 힘들게 요리한 어머니 기분 좋으라고 일부러 소리까지 내며 열심히 먹는다는 것을 다들 알고 있었다. 김종수는 언제나 엄마의 아들이었다.

집을 떠나다

김상배 씨 일가가 가난 속에서나마 행복을 찾으려 애쓰는 동안에도 한국의 경제 상황과 정세는 한 해가 다르게 급변하고 있었다.

아직 김종수가 태어나기 전인 1961년 5월 16일, 식민지 피지배와 동족상잔의 전쟁이라는 끔찍한 고통으로 점철된 한국 현대사에 또 다른 오점으로 남을 사건이 벌어졌다. 육군 소장 박정희가 주동이 되어 일으킨 5·16쿠데타였다.

반역의 주역들은 대부분 식민지 시대 일본군 장교로 복무하며 일본 제국주의와 군국주의에 깊이 동화되었던 이들이었다. 민주당 정부를 전복시키고 권력을 잡은 그들은 권력 찬탈의 명분으로 두 가지를 내세웠다. 반공과 빈곤 퇴치였다.

군사정권은 반공을 국시로 내세워 모든 반대 세력을 좌경으로 몰아 저항운동을 억제하는 한편, 일본의 메이지유신을 모방해 국가가 주도

하는 자본주의 경제개발에 나섰다. 1962년부터 시작된 세 차례의 경제
개발 5개년 계획이 그것이었다.

이는 한국을 극동아시아 반공 전선의 보루로 삼으려는 미국의 전략
이기도 했다. 제2차 세계대전 종식과 함께 남한에 진주해 군사적, 정치
적으로 압도적인 영향력을 행사하고 있던 미국이었다. 미국은 남한의
경제 발전을 적극적으로 지원함으로써 사회주의 북한은 물론, 중국과
소련을 견제한다는 전략을 택하고, 일본과 서구의 자본이 남한에 진출
할 수 있도록 길을 열어주었다.

일본의 식민지 수탈과 전쟁으로 인해 축적된 자본과 기술이 전무하
다시피 했던 한국은 미국의 전폭적인 지원 아래 자본주의 선진국들의
사양산업을 끌어들여 저임금 장시간 노동으로 임가공해 저가로 수출
하는 수출주도형 산업 개발에 들어갔다.

세 차례에 걸친 경제개발 5개년 계획은 성공적이었다. 1970년 들어
제철과 조선 등 중공업에도 진출해 경공업부터 중공업까지 산업 전반
의 생산력을 갖춘 한국은 본격적으로 세계 자본주의 대열에 편입했다.

이는 본격적인 빈부 격차의 시작이기도 했다.

공장에서 소요되는 노동력을 공급한 곳은 농촌이었다. 1960년 당시
전체 인구의 56.3%가 농촌에 거주했으나 1979년도에는 29%만이 남았
다. 이농 인구의 대다수는 아무런 대책 없이 도시의 변두리로 유입되어
거대한 빈민가를 형성하고 공장에 들어가 혹독한 장시간 노동과 저임
금을 감수해야 했다.

노동자의 최소한의 권리를 보장한 근로기준법을 제대로 지키는 공

장은 거의 없었다. 노동자의 단결권을 보장해야 할 노동조합법은 노동자들의 단결과 투쟁을 가로막는 장애에 불과했다. 무권리 상태의 노동자들이 흘린 피와 땀은 자본가들의 부로 축적되었다. 축적된 자본과 기술은 한국의 산업을 더욱 급속히 발전시켰고 자본가들을 더 큰 부자로 만들었다. 마을의 부농이라 해봐야 하루 세 끼 쌀밥에 가끔 고기를 먹는 정도였던 농촌의 빈부격차와 자본주의 시대의 빈부격차는 말 그대로 천지 차이였다.

가혹한 노동조건과 저임금에 반발한 노동자들은 1970년대 들어 서서히 저항을 시작했다. 한진중공업, 외기노조 등 곳곳에서 자생적인 파업이 일어나고, 1970년 11월 13일 평화시장 노동자 전태일의 분신을 계기로 하나둘씩 민주노조가 만들어졌다.

값싼 수출품에 의존하던 박정희 정권은 노동자의 저항을 철저히 억누르는 한편, 노동자 내부에서 친자본적인 어용 세력을 양성해 분노의 표출을 막았다. 동시에 독재에 항의하는 지식층을 누르기 위해 1973년의 유신헌법과 이듬해의 긴급조치 같은 전대미문의 법 조항들을 만들었다. 수많은 학생, 지식인들이 체포되어 유인물 한 장 뿌렸다고 감옥살이를 하거나 인혁당, 전략당, 오송회 등 조작된 사건으로 사형을 비롯한 중형에 처해졌다.

민족중흥, 자주자립, 한국적 민주주의 같은 명분으로 덧칠해진 우익 민족주의 파시즘은 상당히 효과적이어서 70년대 중후반의 한국은 서울대와 경북대 등 몇몇 학교 학생들의 산발적인 시위와 청계피복, 동일방직 등 극히 일부 노동자들의 저항을 제외하고는 조용했다.

국가 차원의 가혹한 탄압과 전체주의적인 사회 분위기에 지배당한 1970년대 노동 현장에는 10개도 안 되는 민주노조가 전부이다시피 했다. 하지만 숨통을 조이는 파시즘을 깨뜨린 것은 결국은 노동자들이었다.

김종수가 중학교에 들어간 해인 1979년 8월, 가발공장인 YH무역 노동자들의 신민당사 농성이 벌어졌고, 박정희 정권은 그 책임을 물어 신민당 총재 김영삼을 국회의원직에서 제명했다. 이에 김영삼의 정치적 기반이던 부산, 마산 일대에 거대한 반정부 시위가 터졌다. 박정희는 위수령을 내리고 군대까지 동원해 시위를 진압했으나 민주주의의 압살은 권력 내부의 균열을 불러와 중앙정보부장 김재규가 10월 26일 박정희를 암살해 18년 독재를 종식시키기에 이른다.

그러나 민중의 직접적인 투쟁이 아니라 지배권력 내부의 분열로 얻은 민주화는 오래가지 못했다. 국군보안사령관 전두환을 비롯한 군부의 실권자들은 2개월 후인 12월 12일과 이듬해인 1980년 5월 17일 두 차례의 군사 쿠데타를 일으켰고, 이에 저항하는 광주 시민들을 무참히 학살해 권력을 재장악하는 데 성공한다.

전두환은 그해 8월 27일, 박정희가 국민 직선제를 폐지하고 만들어 놓은 어용단체인 통일주체국민회의 대의원대회에서 99.9% 지지율로 제11대 대통령에 당선되었다. 중앙정보부장 김재규의 결단으로 얻은 한국의 민주주의는 또다시 어둠에 빠져들었다.

김상배 씨 일가의 행복했던 시간이 끝난 것도 바로 이 무렵인 1980년 겨울, 김종수가 번암중학교 2학년을 마칠 무렵이었다.

다들 잘살고 싶고, 즐겁게 살고 싶었다. 6남매의 우애는 어느 집 아이들보다도 깊었다. 아버지의 이상과 어머니의 현실은 빈번히 충돌했지만, 어머니가 얼마나 아버지를 사랑하는가를 아이들은 잘 알고 있었다. 어머니는 꿈에 사로잡혀 사는 남편을 타박하면서도 맛있는 음식을 만들면 제일 먼저 챙겼다. 아이들은 아버지를 바라보는 어머니의 눈빛만으로도 어머니가 얼마나 아버지를 좋아하는가를 알 수 있었다.

하루도 돈 걱정 없는 날이 없이 아슬아슬하게 유지되던 살림살이가 끝내 균형을 잃은 것은 그해 겨울이었다. 고등학생인 큰아들부터 막내아들까지 학교에 다니고 있을 때였다. 다섯 명을 학교에 보내는 것도 기적이었는데 예기치 못한 여러 악재가 한꺼번에 덮친 것이다.

그래봤자 이삼천 평의 논만 있어도 팔거나 담보를 잡혀 회복할 수 있을 정도의 대단치 않은 금전적 어려움이었다. 그러나 아무런

아버지가 찍은 가족사진

기반이 없이 하루 벌어 하루를 살아온 김 씨 가족에게는 치명적이었다. 마을 기금에서 대출을 받아 샀던 조그만 논도 원금과 이자를 갚지 못해 빼앗겨버리고, 한 마리뿐인 소까지 팔아야 했다.

김종수보다 세 살 어린 옥현은 국민학교 졸업식도 참석하지 못한 채 6학년 겨울방학에 서울로 떠나야 했다. 청계천 변 소규모 봉제공장에서 일하는 외갓집 언니들을 따라서였다.

당시 평화시장을 중심으로 한 청계천 일대에는 최소 1000개가 넘는 봉제공장들이 집결해 전국의 옷 시장에 기성복을 공급하고 있었다. 노동자 숫자만도 2만 명이 훨씬 넘는 것으로 추산되었는데 대다수는 10대 중반에서 20대 초반의 여성들이었다.

청계천 일대 노동자들의 비참한 노동 실태야말로 당대 한국 노동자의 고통을 압축해 보여주고 있었다.

노동자들은 폭이 열 걸음도 안 되는 비좁은 공장에 다락까지 달아 이삼십 명씩 밀집해 하루에 13시간 이상 노동해야 했다. 기술을 배운다는 명목으로 월급도 제대로 받지 못하는 견습공인 시다와 재단 보조들은 자취방을 얻을 돈이 없어 공장 안의 다락 아니면 시멘트 바닥에 종이를 깔고 잤다. 한창 엄마에게 투정을 부릴 중학생 나이의 소녀들이 먼지 구덩이 속에 쪼그려 잠을 청하는 광경은 산업화가 만든 지옥도와 다름 없었다.

유난히 체구가 작은 열세 살 소녀 김옥현이 견디기에 청계천 현실은 더욱 가혹했다. 국민학교 졸업식에 참석하기 위해 집에 돌아온 옥현은 중학교에 보내달라고 울며 애원했지만 큰아들도 고등학교를 중퇴한 상황이었다. 가족을 위해 최선을 다해왔으나 뜻대로 되지 않는 현실에 지친 아버지 김상배 씨는 삶의 의지를 잃고 있었다. 일하러 가기 싫다고 매달리는 어린 딸을 다시 서울로 올려 보내고는 거의 매일 술에 만취해 자기 자신을 학대했다.

같은 농촌이라도 경작지가 넉넉한 지역들은 6·25전쟁이 터지기 직전에 실시된 토지개혁으로 대부분 삼사천 평의 농토를 불하받을 수 있었다. 유상몰수 유상분배의 조건이었으나 전쟁으로 화폐가치가 폭락해 땅값을 치르기도 어렵지 않았다. 그런 지역에서는 자녀들을 중학교나 고등학교까지 보내는 게 보편적이었고 공부를 제일 잘하는 자녀 한 명 정도는 대학교까지 보낼 수도 있었다.

토지개혁을 했다고 해도 불하받을 농지가 거의 없던 번암면 국포리 같은 곳은 사정이 달랐다. 전쟁 후인 1950년대 중후반 베이비붐이 시작되던 시기에 태어난 아이들의 대부분은 국민학교밖에 다니지 못했다. 김종수의 국민학교 동창생 중 중학교에 진학한 이가 열 명밖에 안 될 정도였다.

김상배 씨의 좌절은 이러한 현실을 벗어나고자 남달리 애쓴 데서 비롯된 것이라고도 할 수 있었다.

마을의 다른 아버지들은 현실을 불가피하게 인정하고 그에 적응했다. 위의 아이들을 국민학교만 졸업시켜 도회지로 보내고 동생들 학비를 송금받는 걸 당연하게 생각했다. 그러나 김상배 씨는 가난한 동네에서도 가장 빈한한 처지임에도 큰아들 김종성을 육군사관학교에 보내기 위해 고등학교에 진학시키고 치과 치료까지 다 해줄 정도로 지극

정성을 쏟아왔고, 둘째 김종수까지 무리해서 중학교에 진학시킨 사람
이었다.

끝내 자신의 한계를 깨달았을 때, 꿈이 깨진 김상배 씨는 누구보다
심한 좌절감에 시달렸다. 자신만은 동네 사람들과 다르게 살고 싶었건
만, 끝내 큰아들은 고등학교를 중퇴시키고 큰딸은 봉제공장으로 보낸
좌절감이었다. 김상배 씨가 술에 찌들어 살면서 부부 싸움은 더 잦아
질 수밖에 없었다.

김종수가 집을 떠난 것은 몇 달 후인 1981년 4월이었다. 중학교 3학
년, 만 16세 때였다. 정식으로 자퇴서를 낸 것도 아니고, 어느 날 갑자
기 결석하고 집을 떠났다.

아버지가 그만두게 한 것은 아니었다. 오히려 김상배 씨는 둘째 아
들만은 학교에 계속 다니기를 바랐다. 자퇴는 형과 여동생이 학교를
포기한 상황에서 혼자 편하게 공부만 할 수 없다는, 김종수 스스로의
결정이었다. 무상교육이 된 오늘날과 달리 매달 현금으로 내야 하는
수업료를 감당할 수 없기도 했다.

김종수는 친한 친구들에게도 절박한 집안 사정에 대해 털어놓거나
학교를 그만둔다는 말은 하지 않았다. 가난한 학생들이 많다 보니 학
기 도중에 자퇴하는 일도 드물지 않았다. 어느 날 갑자기 동급생이 등
교하지 않고 마을에서도 볼 수 없으면 서울로 돈 벌러 갔으려니 생각
하고 그만이었다.

오히려 가난한 시골 아이들에게는 도회지로 나간 형과 누나들, 아니
면 친구들이 선망의 대상이었다. 공장에서 얼마나 고생을 하는지, 임금

이 얼마나 박한지도 모르는 채, 명절날 깔끔한 옷차림에 과자며 옷 같은 선물을 들고 와서 부모님께 큰절을 올리고 용돈 드리는 모습만 보고는 출세라도 한 것으로 오해했다.

가진 것이 없을수록, 자존심에 상처 입기 쉬울수록 허세는 크기 마련이었다. 본인들도 객지에서 얼마나 비참한 생활을 하는가를 말하지 않으니 누구 아들은 어디 가서 돈 많이 벌고 있다는 식의 속 모르는 이야기들이 돌기 마련이었다. 도회지에서 아무리 못 벌어도 빈한한 농민보다는 나으니 아주 틀린 말도 아니었다.

김종수가 처음 일을 시작한 곳은 대구의 한 제빵공장이었다. 이웃 마을 사람이 대구에 가서 제빵공장을 하고 있었는데 동네 형이 그곳으로 일하러 가는 길에 김종수를 데려간 것이다. 아버지 몰래 대구로 떠나는 길에 김종수는 어머니에게 말했다.

"엄마, 내가 기술 배워서 돈 많이 벌어 보내드릴게요. 내가 돈 많이 벌어서 우리 똑똑한 동생들 대학 가르치고 엄마랑 다 같이 미국으로 이민 가서 부자로 행복하게 잘살아요."

엄마의 아들이라 불리던 둘째가 떠난 후, 이옥선 씨는 몇 날 며칠을 혼자 울었다. 아버지 김상배 씨는 뒤늦게 둘째의 가출을 알고 화를 냈으나 아무것도 할 수 없었다. 가족이라는 자기 통제의 끈을 놓아버리고 술에 취해 무기력하게 살던 그가 할 수 있는 일은 없었다.

아버지의 노여움을 뒤로 하고 떠났던 김종수가 집에 돌아온 것은 겨우 한 달 만이었다.

아는 사람이 운영하는 공장이라고 찾아간 제빵공장은 열여섯 살짜리에게는 노예의 집이나 다름없었다. 빵 한 개만을 보면 제빵 작업이 얼마나 고된가를 알 수 없다. 무거운 밀가루 포대와 설탕 포대를 몇 포대씩 어깨에 메고 날라서 배합기에 붓고 반죽이 완성되면 일일이 퍼 담아서 빵 만드는 벨트로 날라주는 일은 어른들도 하기 힘든 중노동이었다. 반죽을 잘게 잘라 단팥이나 슈크림 같은 속을 넣어 오븐에 굽는 작업은 힘이 덜 들지만, 길고도 지루한 단순노동의 고통을 인내해야 했다. 아침부터 한밤까지, 때로는 밤을 꼬박 새워 빵을 만들다가 졸음과 피로에 지쳐 기진해 쓰러지는 이도 흔했다.

사장들이 나이 어린 노동자를 고용하는 이유는 동정심도, 도와주기 위함도 아니었다. 기술을 가르친다는 명목으로 밥만 주거나 용돈 정도만 주고 부려먹을 수 있기 때문이었다. 이는 사장의 인품과는 상관없는 일이었다. 자본 자체가 이윤을 위해 탄생하고 존재했다. 자신과 가족을 위해 살아가는 평범한 사람이 아니라도, 인격적으로 존경받는 사람들조차 자본가의 입장이 되는 순간 자본의 속성에 종속될 수밖에 없었다. 자본의 논리에는 일말의 인정도 사정도 들어갈 틈이 없었다. 오로지 생산원가를 절감하려는 냉정한 계산만이 적용될 뿐이었다. 그리고 생산원가 중에서 가장 손쉽게 깎아내릴 수 있는 게 임금이었다.

제빵공장 사장도 예전에는 소박한 농부였는지 몰라도, 더 많은 이윤을 남기기 위해 노동자의 시간 일 분, 일 초까지 갖고 싶어 하는 매정한 자본가가 되어 있었다. 자본가가 되는 순간, 자신의 하루와 노동자의 하루가 똑같은 인간의 하루라는 생각은 잊어버리기 마련이다. 자신이 누군가의 귀한 생애의 하루하루를 강탈하고 있다는 사실도 인식하지 못한 채, 거꾸로 자기가 노동자를 먹여 살리고 있다는 착각까지 하기 마련이다. 심지어는 일을 못 한다고 욕을 하고 때리면서도 그것이 노동자를 위한 것이라고 착각하기 마련이다.

보통의 노동자들은 이러한 현실에 자신을 적응시켰다. 가혹하지만 보편인 질서에 복종하고, 나아가 자신도 자본가가 되는 꿈을 꾸었다. 비록 환상일지라도, 자본가가 되는 상상으로 고통을 이기려 했다. 개중에는 기어이 자본가가 되는 데 성공하는 이도 있지만, 극소수일 뿐 아니라, 대개는 노동자나 다름없는 소자본가에 불과하다. 그럼에도 그의 머릿속에는 대자본가와 다름없는 차가운 논리가 들어서게 된다.

김종수는 달랐다. 불합리함을 보면 어떤 조건에서도 참지 못하고 싸우는 기질은 고칠 수 있는 게 아니었다. 상대가 아버지든 사장이든 상관없었다. 툭하면 뺨이나 등짝을 때리고 욕설을 퍼부어대는 사장과 고참들을 참지 못하고 겨우 한 달 만에 그만두고 만 것이다. 집으로 돌아가는 그에게 사장은 월급은 안 주고 빵을 한 봉지 싸주었다.

비가 내리는 날이었다. 기별도 없이 돌아온 김종수가 집 앞 정류장에서 버스를 내려 빵이 담긴 봉지를 들고 비를 맞으며 집으로 달려오자 어머니와 동생들은 반가워서 어쩔 줄을 몰라 했다. 그러나 아버지는 달랐다.

"에라 이 못난 놈! 멋대로 학교 그만두고 집을 나갔으면 끝까지 버티든가! 겨우 한 달 만에 돌아와?"

술 취한 아버지는 따귀를 때리고 빵 봉지를 집어 던지며 소리쳤다.

"당장 나가! 집에 들어오지도 말아!"

한 달 일한 대가로 얻어온 빵이 마당에 흩어져 빗물에 젖는 광경만큼이나 비참해진 김종수는 아버지를 피해 뒷담을 넘어 달아나버렸다. 남의 집 처마 밑에서 비를 피하다가 어두워져서야 흠뻑 젖은 몸으로 돌아왔지만, 아버지가 무서워 방에 못 들어가고 헛간에 숨어 있으면 어머니와 여동생이 몰래 밥을 날라다 주었다.

다음 날 아침, 남편이 또 술을 마시면 무슨 야단을 칠지 몰라 걱정이 된 어머니는 얼마 안 되는 돈을 아들의 손에 쥐어주며 집을 떠나도록 했다. 부엌 찬장 속 그릇 밑에 모아두었던 비상금이었다. 그리고 떠나는 아들의 뒷모습을 보며 또 하염없이 울었다.

일자리를 찾기 위한 열여섯 살 소년의 방황이 시작되었다. 동네 형들 소개로 아는 집만 찾아다니니 더 그랬다. 저임금 노동력이 풍부했던 시절임에도 성인이 아닌 어린애를 고용한다는 자체가 영세 소기업이라는 뜻이었다. 장롱 만드는 가구공장에도 가보고 주유소에도 가보았지만 얼마 견디지 못하고 돌아왔다. 부산까지 가서 양말공장에 다니다가 돌아오기도 했다.

동네 사람 소개로 남원군 읍내의 주유소에 취직했을 때는 겨우 3일 만에 돌아왔다. 남원읍은 군청 소재지인 장수읍보다 가깝고 버스도 더 자주 다니는 곳이어서 낯설지 않았다. 그러나 주유원을 하기에 김종수는 키도 체구도 너무 작았다. 기름 트럭이 오면 기름통 뚜껑을 열어줘야 하고 기름을 배달하기도 하는데 140센티밖에 안 되는 어린애는 아무 도움도 되지 않았다. 3일 만에 그만둘 수밖에 없었다.

아버지는 자식들이 이왕에 사회에 나갔으니 고생스러워도 끝까지 버터주기를 바랐다. 집안을 도와달라는 게 아니라, 본인들을 위해서였다. 무엇이 되었든 기술을 배워야 한다고 생각한 아버지는 둘째가 얼마 못 버티고 돌아오면 야단을 치면서도 자기가 나서서 일자리를 알아보았다. 동네 사람에게 보내기도 하고 친척 집으로 보내기도 했다. 서울로 떠나기 전까지 만 4년 동안 몇 군데나 보냈는지 식구들도 기억을 못 할 정도였다.

김종수가 자꾸만 돌아온 것은 일을 못하거나 인내심이 없어서만은 아니었다. 처음에는 너무 어리고 작아서 그랬다지만 한 해씩 나이를 먹으면서 키도 커지고 힘도 좋아졌다. 그가 못 견딘 것은 사장들의 부당한 처우였다. 거의 매번 그랬다.

김종수의 친구들은 돈 가진 사람이 지배하는 현실을 인정하고 적응하려 애썼다. 비슷한 처지에 놓여 중학교를 중퇴하고 공장에 들어간 친구들은 냉엄한 현실을 받아들였다. 집이 가난하고 공부를 못 했으니 고생하는 게 당연하고 여기서 벗어나는 길은 더 열심히 일하는 수밖에 없다고들 생각하고 고난을 감내했다. 김종수는 그러지를 못했다. 사람이 사람을 지배하고 착취하고 학대하는 현실을 받아들이지 못했다.

노동자 중에는 사장 덕분에 자기가 일자리를 얻어 먹고산다고 생각하는 사람이 많다. 그러나 사장 중에서 노동자들 덕분에 자기가 먹고산다고 생각하는 사람은 찾기 어렵다. 자기가 노동자들에게 시혜를 베풀고 있다는 사장들의 오만한 착각은 모든 부당한 행위의 원천이 된다. 노동자가 자기 노동의 가치를 온전히 이해하여 사장의 착각을 벗겨내는 것으로부터 노동자의 인간다운 삶을 위한 긴 여정이 시작된다.

김종수는 스스로 이 점을 깨우친 한 명이었다. 그의 가슴에는 뜨거운 불길이 타오르고 있었다. 열여섯 살 때부터 시작된 혹독한 노동이 키운 분노의 불길이었다. 자본가들에 대한 분노가 만든, 언제 폭발할지 모르는 뜨겁고 뜨거운 불덩이였다.

평화시장 재단사가 되어

김종수가 서울에 올라간 것은 중학교를 중퇴하고 안정된 직장을 찾아 방황한 지 5년째인 1985년 초여름, 만 20세 때였다.

진득하니 한 공장에 붙어 있으면서 기술도 배우고 돈도 벌고 싶은 마음은 김종수도 다르지 않았다. 그러나 산업 개발 시기 한국의 노동자들은 최소한의 기본적 권리조차 인정받지 못하고 있었다. 오늘날까지도 임노동과 자본의 본질은 변치 않았지만, 저항을 할 수 있는 최소한의 조건들이 갖춰지기 시작한 것은 1987년에 일어난 7·8월노동자대투쟁 이후였다. 야만적인 착취와 멸시, 천대가 일상이던 현장에 김종수가 정착하지 못한 것은 당연한 일이었다.

참고 살기에는 머릿속에 너무 많은 생각이 들어 있던 김종수가 스무 살 성인이 되어 올라간 청계천 일대 봉제공장은 어땠을까?

청계천에서도 가장 큰 상가 겸 공장인 평화시장에는 이미 여동생 김옥현이 올라가 시다라 불리던 미싱 보조로 일하고 있었고 동네 친구들도 여럿 가 있었다.

눈으로 보는 서울은 멋진 도시였다. 흰 화강암 봉우리들이 우아한 북한산과 관악산이 남북으로 둘러싼 가운데 드넓은 한강이 가로지르는 풍광은 김종수가 전에 가본 황량한 대구나 복잡스러운 부산과는 비교할 수 없었다. 광화문과 종로 일대의 고궁들과 빌딩들, 강남구 일대에 끝이 안 보이게 펼쳐진 고급 아파트 숲은 지금까지 살아온 세상과는 전혀 다른 모습이었다. 청계천 노동자들 이외의 서울 사람들은 다들 부유하고 행복하게 잘 사는 것처럼 보였을 것이다.

하지만 아무런 기술도 없이, 집을 떠날 때 어머니가 준 500원을 들고 올라온 중학교 중퇴자에게 서울은 매정하고 야속한 도시일 뿐이었다. 월세방을 얻을 돈도, 하숙할 돈도 없는 김종수는 공장 안에서 숙식하는 조건으로 재단 보조로 취업했다. 비록 차가운 시멘트 바닥에 골판지를 깔고 눕더라도 공장에서 잠을 잘 수 있고 밥을 지어 먹을 수 있으니 돈이 없어도 버틸 수 있기 때문이었다. 정식 재단 보조도 아니고 견습공으로 받는 푼돈으로는 독립해서 생활할 수도 없었다.

평화시장에 올라온 동네 친구가 여럿이었는데 그중에도 조래윤과 절친하게 지냈다. 어려서부터 단짝이라 함께 이웃집 수박 서리도 하고 닭 서리도 하던 사이였다. 먹을 게 없던 시절이라 동네 청년들이 모여 오늘은 우리 집, 내일은 너희 집, 식으로 돌아가며 닭서리를 했는데 어른들은 알아도 모른 척했다. 조래윤도 김종수만큼 가정 형편이 어려워 중학교를 중퇴하고 1980년부터 상경해 평화시장에서 일해온 처지였다.

두 친구가 다니는 공장은 위치는 달라도 작업환경은 거의 같았다.

공장 안은 얼마나 먼지가 많은지 저녁이 되면 코가 먼지로 새카맣게 막혔다. 공장 안에서 해 먹는 밥이라야 김치 한 가지에 콩나물국이나 오뎅국 아니면 멀건 된장배춧국이 전부인데 그나마도 밥과 국의 뚜껑을 덮은 채 한 수저를 퍼먹고 다시 덮지 않으면 눈이 내린 듯 먼지가 뽀얗게 내려앉아 먹을 수가 없었다.

명절을 앞둔 성수기에는 아침 8시에 작업을 시작해 다음 날 새벽 3시까지 일했다. 주 6일 일하던 시절이라 토요일은 누구나 일하는 날이고 일요일도 한 달에 두 번 쉬면 다행이었다. 그나마 재단 일이라 실이나 바늘 같은 부속을 사러 나오는 길에 잠깐씩 햇살을 쬘 수 있었다.

사실상 강제로 노동을 시키면서도 형식적으로는 도급제이니 연장수당이니 휴일수당도 없었다. 야간작업은 의무였고 아프다고 맘대로 쉬거나 일찍 집에 가는 건 있을 수 없었다. 대다수는 공장에서 기숙하니 갈 데도 없었다. 반대로, 비수기가 와서 작업 물량이 줄어들면 가차 없이 해고하거나 일을 시키지 않아 한두 달씩 놀기도 했다. 물론 놀면 한 푼도 벌 수 없었다.

폭행도 일상이었다. 재단이나 미싱이 무슨 대단한 기술도 아니건만, 재단사의 말을 못 알아듣거나 굼뜨게 행동했다가는 '마자'라고 불리던 1미터짜리 대나무 자가 매섭게 날아왔다. 재단 보조들은 매일이다시피 등짝이고 어깨고 머리고 사정없이 맞으니 몸에 멍이 가실 날이 없었다.

아무런 제한도 없이 마음대로 노동력을 착취할 수 있으니 업주들에게는 천국 같던 시절이었다. 겉으로 보아서는 형편없이 작고 지저분한 영세기업이지만, 평화시장에 공장 차리고 몇 년 안에 빌딩 못 사면 바보라고 했다. 업주들은 대부분 시장 1층에 자기 점포를 갖고 있어서 2, 3층 공장에서 전날 만든 옷들을 팔았는데 전국에서 모여든 소매상인들이 오전 중에 싹쓸이해 갔다. 1990년대가 되어 중국에서 값싼 옷들이 쏟아져 들어오기 전까지는 호황이 계속되었다.

돈을 잘 버는 업주일수록 욕심이 많고 지독했다. 조래윤이 일하던 공장의 주인은 기계마다 골판지를 씌워 테이프로 칭칭 감아놓았다. 나중에 중고로 팔아야 하는데 긁히면 안 된다고 했다. 어쩌다 기계를 긁어먹으면 사정없이 따귀를 때렸다. 어쩌다가 김종수가 조래윤이 일하는 공장으로 놀러 오면 사장은 대놓고 눈치를 주었다. 우리 재단사는 친구랑 놀 시간 없으니 나가라고 떠밀기까지 했다.

한바탕 싸우고 나와버리고 싶어도 그러기도 힘들었다. 그 공장은 처음 들어갔을 때 월급을 두 달 치나 깔아놓고 3개월 차가 되어서야 첫 월급을 주기 때문에 싸우고 나가면 앞의 두 달 치는 포기하는 셈이었다. 사실상 가둬놓고 일을 시키는 것과 다름없었다.

김종수도, 조래윤도 불만은 많아도 어떻게 하면 이 부당한 현실을 개선할 수 있는지 알지 못했다. 청계천에도 자신들을 위한 노동조합이 있고 노동청도 있었으나, 당사자들은 그런 게 존재하는지도 몰랐다.

1970년 재단사 전태일의 분신으로 만든 청계피복노동조합은 한때 조합원이 6000여 명이나 되었으나 1980년 겨울 전두환 정권에 의해 강제 해산되어버렸다. 김종수가 상경했을 때는 비합법 노조로 활동하고 있었는데 조합원이 100명도 되지 않았지만 대단한 투사들이어서 누군가 조합을 알고 찾아와서 밀린 임금이나 퇴직금을 받아달라고 하면 조합 간부들이 회사로 몰려가 받아주기도 했다.

하지만 대다수 노동자들은 자신의 노조가 있다는 사실도 몰랐다. 조합에서는 『청계노보』를 발행했으나 배포할 때마다 경찰이 출동해 신문을 빼앗고 조합원들을 연행하니 현장 노동자들에게는 거의 전달되지 않았다. 설사 노보를 보고 노동청이니 노동조합의 존재를 알았다 해도 찾아갈 시간도, 용기도 없었을 것이다.

김종수가 받은 첫 월급은 7만 원이었다. 1980년에 올라와 재단 보조로 일한 조래윤의 첫 임금이 5만 원이었고 시다로 출발한 김옥현은 3만 원을 받았던 것에 비하면 늦게 올라온 덕을 본 셈이지만, 주당 70시간까지 일한 데 비하면 너무 적은 돈이었다. 사장들은 그래도 당당했다. 기술도 없는 견습공에게 공장에서 밥 주고 재워주니 감사하라고 했다.

위로가 되는 것은 고향 친구들뿐이었다. 어쩌다 얻은 휴일이면 동대문 전철역에서 조래윤, 이재갑 등 고향 친구들을 만나 근처 포장마차에서 어묵이나 국수, 라면을 시켜놓고 소주를 마셨다. 재단 보조들에게는 식당도 과분했다. 김종수보다 먼저 올라와 월급을 좀 더 받는 친구들도 고향 집에 송금하고 곗돈을 내면 주머니는 늘 비어 있었다. 누군가의 생일 같은 특별한 날이라야 창신시장 골목의 순댓국집에 가는 게 고작이었다.

조래윤은 술을 한 잔도 못 했지만, 김종수는 조금 마셨다. 평소에는 과묵하기만 하던 김종수도 술에 취하면 곧잘 속마음을 이야기했다. 예전에 다니던 공장 이야기며, 지금 다니는 봉제공장 이야기였다.

"사장은 다 나쁜 놈들이야. 시골에서 황소로 농사를 지어도 낮에만 일 시키지, 밤에는 재우잖아? 한낮이라도 소가 힘들어하면 쉬게 해주고 겨울이면 등에 거적이라도 덮어주잖아? 근데 사장이란 놈들은 우리를 짐승만도 못하게 취급해. 밤을 꼬박 새워 일을 시키면서도 야간수당도 안 주고, 일감 떨어지면 바로 내쫓아버리고, 사장들은 인간도 아냐."

친구들에게 맨 처음 취직했던 대구 제빵공장에서 겪은 이야기를 해주기도 했다. 어머니와 형제들에게는 차마 말하지 못했던 아픈 이야기였다.

"멀쩡했던 사람도 사장이 되면 악마가 되나 봐. 아는 사람이 빵공장을 차렸다고 해서 취직했는데 시골에서 농사짓던 그 사람이 아니더라고. 얼마나 많이 맞았는지 몰라. 빵을 만들면서 하도 욕을 먹고 매를 맞아서 지금도 빵이라면 쳐다보기도 싫어. 넌덜머리가 나서 먹을 수가 없어."

김종수가 평화시장에 막 올라간 1985년 6월 하순, 한강 건너 서울의 남쪽에 있는 구로공단은 파업의 열기로 뜨거웠다. 대우어패럴, 가리봉전자, 효성물산, 부흥사, 선일섬유 등 5개 노조 2500여 명이 구속자 석방과 노동조건 개선을 요구하며 동맹파업을 벌였고 역량이 부족한 세진전자, 롬코리아, 청계피복, 남성전기 등은 중식 거부나 가두시위에 동참했다.

주로 여성 노동자들에 의해 벌어진 파업은 6일 만에 무자비하게 해

산되어 43명이 구속되고 38명은 불구속 기소되었으며 47명이 구류형
에 처해지고 700여 명이 해고 또는 강제 사직을 당한 채 파괴되었으나,
수출공단이 세워지고 처음 일어난 동맹파업으로서 한국노동운동사에
기념비적인 사건이었다.

갓 상경한 데다 구로공단과는 멀리 떨어진 평화시장에서 일하던 김
종수는 이 싸움에 대해 들어본 적도 없었다. 동맹파업의 일원이던 청계
피복노동조합이 고향 친구들과 술을 마시곤 하던 포장마차가 있는 청
계천 7가 신발상가 4층에 사무실을 두고 있다는 것도 알지 못했다. 머
지않아 자신이 취업하게 될 구로3공단 (주)서광의 일부 여성 노동자들
도 동맹파업에 동참했다는 사실은 더욱 알 터이 없었다.

수야 오빠

김옥현은 작은오빠 김종수가 서울에 올라왔을 때도 아직 열일곱 살이었다. 열세 살에 올라와 영양실조 상태에서 고생해온 옥현이었다. 보통 가정에서 태어났다면 이제 고등학교 1학년 여학생으로 한창 사랑을 받으며 행복한 나날을 보낼 나이인데 수십 년이 지나도 잊지 못할 고통의 나날을 보내고 있었다.

김옥현에게 김종수는 각별한 오빠였다. 어려서부터 속이 깊고 공감 능력이 뛰어난, 정이 너무나 많은 오빠였다. 동생들에게 큰소리 한번 친 적이 없고, 잔소리 한번 하지 않는 자상하고 과묵한 성격으로, 웃을 일이 있을 때조차도 큰 소리로 웃음을 터뜨리지 않고 빙그레 미소만 짓는 부드러운 오빠였다.

세 아들의 이름이 종성, 종수, 종문으로 발음이 비슷해 헷갈릴 수가 있었다. 어머니는 세 아들 중에 김종수만 이름의 뒷글자를 따서 '수'라는 애칭으로 불렀다.

"수야, 밥 먹어라."

"우리 수야는 어디 갔니?"

큰오빠는 아버지의 아들이고 작은오빠는 엄마의 아들이라고 놀리던 동생들도 자연스럽게 '종수 오빠'보다 '수야 오빠'라는 애칭으로 불렀다. 수야 오빠는 동생들로부터 가장 사랑을 받았다. 오빠들과 나이차이가 많은 막내 여동생 김수연은 큰오빠 김종성이 집에만 오면 업고다닐 정도로 사랑을 듬뿍 받았음에도 어느 오빠가 제일 좋냐고 물어보면 꼭 대답했다.

"나는 수야 오빠가 제일 좋아."

몇 해째 계속되는 힘겹고 외로운 공장 생활로 우울증에 빠져 있던 김옥현은 수야 오빠가 서울에 올라오면서 큰 위로를 받았다.

노동시간이 너무 기니 자주 볼 수는 없었다. 김종수는 평화시장에 취업했는데 김옥현은 평화시장에서 상당히 떨어진 남대문 아니면 동대문 주변에 있는 공장에 다녔기 때문에 더 그랬다.

평화시장은 1980년대까지 한국의 열악한 노동 상황을 대표하는 상징적인 곳이었음에도 남대문과 동대문 주변의 영세사업장에 비하면 나은 편이었다. 김옥현이 일하는 공장들은 하나같이 지하실에 있었다. 빛이라곤 들어오지 않는 지하 벙커 같은 공간에서 낮인지 밤인지, 바깥에 비가 오는지 눈이 오는지도 모르는 채 오로지 일만 했다.

김옥현은 무척이나 예민하고 영민한 소녀였다. 영혼이 없는 공장 생활을 견디기가 힘들었다. 아무리 마음을 다져먹고 기분 좋게 하루를 시작해도 소용이 없었다. 작업 시간은 너무 길었고 생산량을 채우지 못한 미싱사들의 짜증과 욕설은 끝이 없었다. 마음이 우울하고 답답하니 몸이 아무리 고달파도 밥이 먹히지를 않았다. 매일 똑같이 나오는 맛없는 밥을 보기만 해도 허기가 달아나버렸다. 열세 살부터 노동에 시달려 키가 거의 자라지 않은 약한 몸에 밥을 거의 못 먹으니 늘 빈혈을 달고 살았다.

고된 일과가 끝나도 공장 바닥에서 그대로 지쳐 쓰러져 잠이 드니 날짜가 흘러가는 것도 몰랐다. 잠깐씩 작업이 중단된 적이 있기는 했다. 동대문 너머 신당동 도로변에 있는 지하실 공장에서 일하던 1984년 9월이었다.

갑자기 공기가 매캐해지더니 눈물, 콧물이 터지고 재채기가 쏟아졌다. 밖에서 요란한 총소리와 사람들 떠드는 소리도 들려왔다. 다들 놀라서 밖으로 몰려 나가니 동대문부터 신당동까지 드넓은 차도에 차는 보이지 않고 화염병과 최루탄이며 돌멩이가 허공 가득 날아다니고 있었다.

"청계노조 인정하라!"

"노동자도 인간이다, 노동삼권 보장하라!"

대학생인지 노동자인지는 알 수 없었다. 구호가 뭔지도 정확히 들리지 않았다. 한눈에 보아도 이삼천 명은 될 젊은 남녀들이 보도블록을 깨어 집어 던지며 구호를 외치고, 맞은편인 서울운동장 쪽에는 시커먼 투구에 방독면을 쓴 전투경찰들이 밀려오면서 폭죽처럼 최루탄을 발사하고 있었다. 허공에 곡선을 그리며 날아가는 화염병이며 돌멩이, 최루탄에 수천 명의 구호 소리와 총성이 전쟁이라도 벌어진 것 같았다.

왠지 무섭지만은 않았다. 조금은 설레기까지 했다. 어떤 사람들이 무엇을 요구하며 싸우는지 정확히는 알지 못했으나, 날아가는 불덩이와 돌멩이들이, 수천 명의 함성이 이 세상을 바꿔줄 것만 같은 막연한 기대감이 밀려오는 것이었다. 감당하고 살기에는 너무나 힘든 이 끔찍한 세상에 저항하는 사람들에 대한 막연한 동경심이었다.

"어서 들어가 일들 해! 무슨 구경이 났다고 몰려 나가?"

사장이 야단치는 바람에 다들 자리로 돌아와 재채기를 참으며 일을 하는데 사장이 말했다.

"대학생들이란 놈들이 하라는 공부는 안 하고 맨날 저 지랄이니. 그것도 모르고 돈 대주는 부모가 불쌍하다, 불쌍해."

노동자 중에는 사장과 같은 생각을 하는 이도 있었지만, 김옥현은 달랐다. 광주학살의 상흔 때문인지, 전라도 출신 야당 지도자 김대중에 대한 지지 때문인지 몰라도, 전라도 사람들은 대개 야당이기도 했다. 나이가 어려 투표권조차 없던 김옥현도 그랬다. 평소에 그토록 어린 노동자들을 닦달하던 사장의 말이기에 더 싫었다.

동대문 일대의 시위는 이후로도 두 번이나 더 터졌고 그때마다 최루탄 가스 때문에 일을 할 수 없었다. 동대문 일대가 경찰에 봉쇄되자 옥현이 일하는 신당동에서 시작한 시위가 왕십리까지 하루 종일 계속되기도 했다. 그때마다 사장은 침을 튀겨가며 시위대를 욕했고, 김옥현은 속으로 사장을 욕했다. 정치나 사회 문제에 대해 깊이 생각해본 것은 아니었다. 그럴 마음의 여유가 없었다. 몇 푼 안 되는 월급으로 시골에 남은 세 동생의 학비를 대주기 위해 매달 적금을 붓기도 벅찼다. 더 열심히 재봉 기술을 연마해 일급 미싱사가 되어 공장을 벗어나 자취를 하는 게 꿈의 전부였다.

김옥현은 수야 오빠가 서울에 처음 올라왔을 때도 종로구 숭인동의 조그만 지하 공장에서 일하고 있었다. 상경한 지 여러 해가 되었어도 공장 안에만 갇혀 사는 옥현은 서울의 지리를 몰랐다. 김종수가 물어 물어 그녀의 공장으로 찾아왔다.

수야 오빠가 오는 날은 잠시나마 고통에서 벗어날 수 있었다. 원래 말이 많지 않은 오빠라 수다를 떨지는 않아도, 같이 있는 것만으로도 좋았다. 수야 오빠는 점심시간이나 저녁 시간이면 걷기에는 꽤 먼 숭인동까지 수제비를 먹으러 왔다가 잠깐씩 동생이 일하는 공장에 들렀다.

"이 동네 식당에서 백 원짜리 수제비 한 그릇 먹고 가면 하루 종일 든든하더라. 바가지로 하나 가득 퍼주더라."

숭인시장으로 싸구려 수제비를 먹으러 오는 것이었다. 예민하고 까다로운 김옥현은 질색을 했다.

"오빠, 그거 거지들이나 먹는 거야. 먹지 마."

"거지랑 같이 먹으면 어때? 아버지도 그랬는걸. 옥현아, 너도 같이 가서 먹자."

"싫어! 나는 절대 안 가."

김옥현은 손사래를 치며 거부했으나 김종수는 이후에도 싸구려 수제비 식당의 단골이었다.

김옥현은 수야 오빠가 올라오고 이듬해에는 혼자 살 수 있는 월세방도 얻었다. 동대문에서 열 정거장쯤 떨어진 종암동의 허름한 판잣집에 방 한 칸을 얻은 것이다. 석유를 파는 집에 딸린 방으로, 찌그러진 성냥 갑 같은 날림 집이었다. 미싱사 언니가 살던 방인데 이사를 간다기에 자기에게 넘겨달라고 했다. 차가운 공장 바닥에서 잔 지 5년째였다. 거지 같은 방이라도 좋으니 혼자 사는 자기 공간을 갖는 게 김옥현의 꿈이었다. 겨울이 되니 방 안의 물그릇이 꽁꽁 얼고 코에 김이 서려도 좋기만 했다.

수야 오빠는 가끔 동생 방에 올 때마다 빨아야 할 양말을 한 봉지 씩 가져왔다. 깔끔한 성격이라 흰색 면양말만 신었는데, 공장에서 먹고 자니 빨아 말리기가 어려웠던 것이다. 구멍이 잘 나는 면이라 옥현이 조심해서 잘 빨아 말려놓으면 다음에 올 때 그동안 신은 양말과 바꿔 갔다.

큰딸에게 자취방이 생기니 시골 어머니도 자식들이 좋아하는 반찬을 만들어주었다. 명절이나 휴가 때 고향 집에 가면 어머니는 김치며 고추장, 된장, 들기름이니 고춧가루를 잔뜩 싸주었다. 수야 오빠는 파란 고추에 밀가루를 씌워 찐 다음 기름에 튀긴 고추부각을 무척 좋아했다. 어머니는 갈 때마다 고추부각을 잔뜩 만들어 싸주었다. 감자도 말려서 튀겨주었는데 수야 오빠는 항상 배가 고팠다. 동생 방에 들를 때마다 동생이 해준 밥에 어머니가 해준 반찬을 배가 탱탱해지도록 먹고 갔다. 매운 고추부각을 한 봉지씩 먹고 가니 배가 안 아플까 걱정이 될 지경이었다.

김종수는 동생에게 말하곤 했다.

"어서 재단사가 되어 돈 많이 벌면 엄마를 모시고 꼭 미국에 갈 거야. 미국으로 이민 가서 엄마를 편하게 모실 거야."

"오빠, 나는?"

"당연히 너도 데려가야지! 가족이 함께 가지 않으면 무슨 소용이냐? 우리 식구 전부 다 데려가야지."

"고마워, 오빠. 나도 꼭 데려가줘. 너무 힘들고 우울해."

미국 이민이라니, 가망성이라곤 없는 꿈이었지만 그런 자기 위안이라도 없다면 버틸 수 없는 시간이었다.

김옥현 자신도 아직 소녀였지만, 그녀가 다니는 공장의 20여 명 중 다수가 10대 소녀들이었다. 시다들은 일을 배운다는 명목으로 미싱사로부터, 주인으로부터 온갖 모욕과 욕설을 들었다. 실수를 한다고 따귀를 때리거나 물건을 집어 던지는 게 예사였다. 그래도 맘대로 뛰쳐나갈 수 없었다. 견디지 못해 뛰쳐나가봤자 어딜 가도 같기 때문이었다. 비수기가 와서 나가라고 할 때나 나올까, 깔린 임금이 있어서라도 눈물을 삼키며 일할 수밖에 없었다.

김옥현이 그런 이야기를 하면 좀처럼 자기 생각이나 감정을 보여주지 않던 오빠도 말했다. 김옥현이 생산량 재촉에 스트레스로 입맛이 없어 밥도 제대로 먹지 못한다고 했을 때였다.

"우리 공장도 그래. 재단사가 얼마나 욕을 하고 때리는지 몰라. 공장에서 자다가 매 맞는 꿈에 놀라 소리를 지르면서 깬 적도 한두 번이 아니야. 이걸 봐라."

수야 오빠가 보여주는 어깨에는 마자로 맞은 붉은 자국이 선명했다.

오빠는 담배를 피웠는데 흰 바탕에 소나무 문양이 그려진 빨간 라벨이 예쁜 솔담배를 좋아했다. 오빠는 좋은 향이 나는 솔담배를 연거푸 피우며 악몽을 꾸는 이야기며, 자기 공장의 시다들이 얼마나 불쌍한가에 대해 말하고 동생을 위로했다.

서울에 올라온 후에도 수야 오빠는 한 군데 공장에서 오래 버티지 못하고 이리저리 옮겨 다녔다. 그때마다 '인간시장'이라 불리던 인력시장에서 새 직장을 찾았다.

인간시장은 두 개 동으로 이뤄진 평화시장을 잇는 구름다리 밑과 한 영극장 뒷골목에 형성되어 있었다. 공장 숫자도 많고 노동자도 많다 보니 노동자를 구하는 업주며, 새로운 직장을 찾는 노동자가 끊임없이 나왔다. 노동자가 직장을 옮기는 이유는 다양했다. 비수기를 맞아 쉬다가 다른 공장으로 취업하거나, 한 공장에서 기술을 익힌 다음 다른 공장에 한 단계 승급된 기술자로 취업하기 위한 경우가 많았다.

수야 오빠도 그런 이유로 어쩔 수 없이 회사를 옮기기도 했지만, 사장과 재단사의 횡포에 맞서 싸우다가 해고된 경우도 여러 번이었다. 한번은 한창 성수기인데 공장을 그만두었다기에 김옥현이 물었다.

"오빠야, 이번에는 왜 그만뒀어? 일도 많은데."

"내가 다닌 공장에 꼬마 여자애가 있는데 주인이 노예처럼 부려먹는 거야. 욕하고 때리고. 내가 그러지 말라고 편을 들어주니까 그만두라는 거야. 나쁜 새끼!"

이웃 동네 금천마을 출신이 운영하는 봉제공장에서 일하다가 그만둔 적도 있었다. 김종수의 집과 다름없이 가난하게 살다가 상경한 사람인데 재단사로 일하다가 사장이 되더니 사람이 완전히 바뀌어 같은 마을 출신들을 불러 혹독하게 부려먹는다고 했다. 얼마나 매몰차게 혹사했는지 김종수는 김옥현 앞에서 증오심까지 보이며 말했다.

"내가 언젠가 그 새끼 꼭 혼을 내줄 거야. 우리와 똑같이 밑바닥에서 시작한 놈이 사장이 됐다고 옛날을 잊고 고생하는 사람들을 짐승보다도 못하게 부려먹다니! 내가 돈 많이 벌면 어떻게든 그 새끼를 쫄딱 망하게 할 거야."

친구 조래윤과 이재갑 앞에서도 같은 말을 한 적이 있었다. 그러나 동생이나 친구들은 생각이 좀 달랐다. 그들은 자신들이 처한 현실에 분노하기보다는, 가난하고 배우지 못했기 때문에 겪어야 하는 불가피한 고생으로 여겼다. 그들은 더 참고 노력해서 기술을 익히고, 야간학교라도 다녀서 대우받는 순응의 길을 택했다.

김종수도 현실을 거부하기만 했던 건 아니었다. 기술을 배우려 애썼고 고등학교 졸업장이라도 따려고 애썼다. 하지만 그의 눈은 올지 안 올지 알 수 없는 머나먼 미래의 꿈이 아니라 눈앞의 부당한 현실에 머물러 있었다. 그의 마음은 비인격적인 학대와 수면 부족, 섬유 먼지로 인한 폐질환, 영양실조에 시달리고 있는 나이 어린 노동자들에게 가 있었다.

다만, 자신이 어떻게 해야 할까는 알지 못했다. 눈앞에 보이는 노동 현장의 불의를 도대체 어떻게 해야 할지, 자신이 할 수 있는 일이 과연 있을지, 아니면 참고 살아야 할 것인지, 그것이 막 스무 살을 넘긴 김종수의 의문이자 고민이었다. 동생도 친구도 그 질문에 답을 주지는 못

했다.

동생들이나 친구들이 보기에 김종수는 대책 없이 낭만적인 청년이었다. 음악과 영화를 좋아했는데 영화는 자주 볼 시간도 돈도 없어 출연 배우와 줄거리만 알고 있는 게 많았다. 대신 휴대용 녹음기와 노래 테이프를 사서 영화음악을 들었다. 서양의 팝송부터 한국의 포크송까지 노래라면 다 좋아했다. 라디오에서 낮에 방송하는 〈김기덕의 두 시의 데이트〉와 밤에 나오는 〈이종환의 밤의 디스크쇼〉의 열렬한 애청자이기도 했다. 공장에서 일하면서 들을 수 있기 때문이었다.

배철수 노래를 좋아해서 송골매 그룹의 음반을 녹음테이프로 옮겨서 김옥현에게 갖다준 적도 있었다. 녹음기가 없던 김옥현은 재단사에게 틀어달라고 부탁을 했다. 오빠가 녹음해준 거라고 말하니 재단사는 질릴 때까지 틀어주었다.

어쩌다가 동시상영관인 한영극장이라도 가면 앞으로 개봉될 영화에 관련된 사진 딱지와 책받침, 엽서, 영화배우 사진 같은 것들을 모아두었다가 시골 사는 동생들에게 갖다주며 말했다.

"시골에 살면 새로운 문화와 동떨어진 촌놈이 된다. 너희는 새로운 문화를 알아야 해."

전화도 없어 누군가 예고 없이 집에 찾아오는 기쁨이 있던 시절이었다. 김옥현이 열아홉 살을 맞은 생일날 밤이었다. 마침 함박눈이 내려 거리마다 지붕마다 하얗게 변하던, 초라한 빈민촌의 밤이었다. 불쑥 김종수가 찾아왔다.

"오빠! 밤중에 어쩐 일이야?"

머리와 어깨에 눈을 맞고 선 김종수의 양손에는 제과점에서 산 빵이 담긴 봉지와 선물 상자가 들려 있었다. 그는 방에 들어와 선물 상자를 툭 던져놓으며 말했다.

"오늘 우리 옥현이 생일이자, 성년이 된 날이잖아."

"오늘이 내 성년의 날이야? 오빠두 참, 쑥스럽게."

김옥현이 부끄러워하며 선물 상자를 풀어보니 스카프 한 장과 향수가 나왔다. 스카프는 다소 촌스러워 보이는 연분홍색 바탕에 빨간색 장미가 그려져 있었다.

"수야 오빠야, 이런 데 돈 쓰지 말고 적금이라도 들어서 돈을 모아봐."

말은 그렇게 했지만, 잠시나마 행복했다. 꿈도 희망도 없는 공장 생활에 지쳐있던 그녀에게 주어진 아주 짧은 기쁨이었다. 고마웠다. 원치 않는 삶을 보내고 있는 수야 오빠에게 유일한 낙이란 동생들을 기쁘게 해주는 데 있음을 잘 알고 있었기 때문이다.

수야 오빠의 그 마음을 잘 아는 이유는 김옥현 자신도 집에 가는 날 동생들에게 뭐라도 사다 줄 때가 제일 행복했기 때문이었다. 그렇게 집에 가서 엄마를 보고 동생들을 볼 날을 기다리며 지옥 같은 하루하루를 견뎌냈다.

메밀꽃 언덕에서

일 년에 두 번 있는 명절 연휴와 여름 휴가철은 객지에 나간 세 오누이가 모두 집에 오는 기쁜 시간이었다.

비었던 자리가 컸던 세 오누이가 내려오면 김상배 씨 집은 잔칫집처럼 홍겹고 시끌벅적해졌다. 좌절과 충격에서 벗어나 다시 살아보려고 애쓰고 있던 아버지나 무슨 작물을 수확하든 객지 나간 그리운 아이들에게 보낼 반찬을 위해 간장에 절이고 햇볕에 말려두는 어머니에게 가장 기쁜 시간이었다. 어린 세 동생에게는 형들과 언니가 사 온 선물을 받는 행복한 날이었다.

정식으로 재단 보조가 된 김종수는 셋 중에서도 제일 많은 선물을 사 왔다. 그중에서 어머니에게 필요한 물품들이 우선이었다. 냉장고, 세탁기, 가스레인지, 전화기, 텔레비전 등 집안에 필요한 살림살이는 거의 다 김종수가 샀다. 큰 물건들은 남원읍에서 주문하고 들어오면 얼마 후 배달이 되었다.

동생들을 위해서도 돈을 아끼지 않았다. 시골에 갈 때마다 동생들의 선물을 빼먹은 적이 없었다. 자신의 가난했던 한을 풀기라도 하듯이 나이키 신발이며 아디다스 운동복, 유행하던 롤러스케이트를 사주었고 공부 잘 하라고 만년필이며 고급 연필을 사주었다. 여름 휴가 때는 비싼 월드콘을 상자째 사서 지난해에 자기가 사다 준 냉장고의 냉동실에 가득 채워준 적도 있었다.

가요든 팝송이든 한창 유행하는 노래 테이프들을 사 와서 같이 들으며 놀았는데, 김종수는 특히 이선희의 노래를 좋아해 크게 틀어놓았다. 동생들은 덕분에 오늘날에는 올드 팝송이 되어버린 70, 80년대 팝송이며 포크송을 거의 다 알게 되었다.

음반만 아니라 책도 잘 사다 주었다. 소설책도 여러 권 사주고 음악이나 영화에 관한 책도 사주었다. 그중에는 제임스 딘의 흑백사진집도 있었다. 방황하던 청년 시절을 떠올렸을까, 영화 〈이유 없는 반항〉의 장면들을 모은 화보집이었다. 둘째 여동생 김미현이 중학교 1학년 때였는데 시골에서 그 책을 가진 사람은 미현뿐이었다.

어머니와 동생들만 챙긴 게 아니라, 아버지 선물도 잊지 않았다. 아버지 심심할 때 들으라고 휴대용 녹음기와 함께 주현미가 부르는 〈쌍쌍파티〉 같은 대중가요 메들리 음반을 사드렸다. 여름이면 아버지가 더위 탄다며 선풍기를 산 것도 김종수였다.

하북마을과 금천마을만 해도 김종수 또래가 30명도 넘었다. 객지에 나갔던 이들이 돌아오는 추석, 설날 명절과 여름휴가 때면 동네마다 예전처럼 복작거렸다. 사랑채가 넓은 집에 모여 디스크 춤을 추며 놀았는데 방이 좁으면 마당으로 나갔다. 하북마을에서는 언제나 김종수의 집이 동네 사랑방이었다. 김종수 또래 친구들만 아니라 막내 김종문의 친구들까지 모이니 마당까지 복작거렸다. 장남호 저수지가 완공된 1987년부터는 떡과 술을 싸 들고 경운기를 타고 호숫가에 올라가 야유회를 했고 여름휴가 때는 개울에서 단체로 수영을 했다.

부모가 뒷받침해줄 수는 없었으나 김종수의 오누이들은 제각기 재주를 갖고 있었다.

맏이인 김종성은 사진 찍기를 좋아했다. 수동으로 작동하는 필름 카메라를 사서 가족사진도 찍고 공원 같은 곳에서 관광객 사진을 찍어주는 일도 했다. 계약금을 받고 사진을 찍으면 필름을 들고 사진관에서 인화해 우편으로 보내주었는데 사진만 받고 잔금을 보내오지 않는 사람이 많아 직업으로 사진사가 되는 일은 포기했다. 그래도 여러 사람에게 사진 잘 찍는다는 소리를 들었다.

비록 지하 감옥 같은 공장에서 꽃 같은 10대를 빼앗기고 있었지만, 김옥현은 그림과 디자인 같은 분야에서 감각이 뛰어났다. 훗날 이 재능을 살려 공예가가 된다.

작은 여동생 김미현은 책을 좋아하고 글도 잘 썼다. 전기세를 아끼려고 일찍 불을 끄면 이불을 뒤집어쓰고 손전등을 비춰가며 책을 읽었다. 김종수는 야무지고 공부도 잘하는 그녀를 위해 서울 체험을 시켜주기도 했다. 김미현이 중학교 3학년에 올라가던 1986년 겨울이었다. 시골에 갇혀 살지 말고 시야를 넓혀보라는 뜻이었다.

보통의 오빠라면 서울대학교 관악산 캠퍼스 같은 곳에 데려가 꼭 서울대 가라고 격려했을 텐데, 김종수가 동생을 데려간 곳은 자신이 다니는 공장이었다. 돈 없고 못 배운 이들이 얼마나 고생을 하는지, 세상이 얼마나 각박하고 잔인한가를 보여주어 더 열심히 공부하라는 뜻이었을까? 방학 동안 자기 공장에서 일을 해보라고 했다.

김미현은 오빠가 다니던 종로 5가 봉제공장에서 한 달간 시다로 일했는데 미싱사는 김종수의 첫사랑이자 마지막 사랑이 될 연희였다.

김미현이 보기에 연희는 작은 체구에 뽀얀 피부, 가지런한 이목구비에 크고 맑은 눈까지 미운 구석이라곤 한 군데도 없는 여자였다. 특히 눈이 예뻤다. 오빠와 나란히 서 있으면 한 쌍의 살아 있는 인형처럼 잘 어울렸다. 마음씨도 고왔다. 코가 막히고 눈썹까지 하얗게 쌓이는 먼지 속에서 밥을 먹고, 움직거리기도 힘든 공간에서 한밤중까지 쉴 새 없이 일하면서도 시다들에게 짜증을 내는 법이 없었다.

일은 너무나도 고됐다. 한밤중이 되어 일이 끝나면 다락방에서 여자 다섯 명이 잤는데 그중에는 김미현보다 더 어린 열네 살짜리 소녀도 있었다. 재단 보조인 김종수는 원단 쌓아놓는 공간에서 쪼그려 잤고 남들보다 먼저 일어나 완제품을 상가에 배달하고 원단이며 부자재들을 사 왔다. 짐받이가 넓은 검정색 짐자전거를 몰았는데 무거운 원단을 자기 머리보다 훨씬 높게 쌓고 묘기를 부리듯 위태로이 거리를 누비고 다녔다.

이 무렵 김미현은 어려운 가정환경에서 꼭 고등학교에 진학을 해야 하나 갈등하고 있었다. 언니, 오빠처럼 공장에서 생활하며 기술을 배워 자립하는 것도 좋겠다고 생각했다. 그러나 오빠의 공장에서 한 달 간 일을 해보고는 마음이 바뀌어 고등학교에 가기로 결심한다.

김종수는 12월 31일 밤, 동생을 짐자전거에 태워 종로에 갔다. 해가 바뀌는 밤 12시에 보신각에서 제야의 종을 타종하는 광경을 보여주기 위함이었다. 오빠와 함께 들은 제야의 종소리를 평생 잊을 수 없었다. 김미현이 집에 내려가 고등학교에 진학하겠다고 하니 오빠는 무척 고마워하며 말했다.

"고맙다. 잘 생각했다. 나는 공부를 못 했지만, 너희들은 꼭 고등학교도 가고 대학교도 가야 해. 나는 이미 늦었지만, 너희들은 이 지옥 같은 공장에서 인생을 보내서는 안 돼."

김종수는 이듬해 여름휴가 때는 시골집에 연희를 데려왔다. 처음 연희를 본 어머니는 무심코 말했다.

"아가씨가 얼굴은 예쁜데 키가 좀 작구나."

서운한 말이었겠지만 김종수는 신경 쓰지 않고 빙긋이 웃기만 했다. 어머니도 곧 연희의 성품에 반해 무척 좋아했다.

아버지도 연애 문제에 대해서 개방적이었다. 막내아들 김종문이 고등학교 때 여자 친구를 데려오자 둘이 꼭 결혼하라고 미리 축복을 하기도 한 사람이었다. 둘째 아들이 데려온 여자에 대해서도 며느릿감이 왔다고 싱글벙글 웃으며 반겼다. 두 사람은 하북마을 집에서 며칠을 머물렀는데 방은 따로 썼다. 연희를 좋아하게 된 김미현은 어느 날 오빠에게 물어보았다.

"오빠, 연희 언니가 그렇게 좋아?"

김종수는 평소 같지 않게 자기 마음을 솔직하게 털어놓았다.

"연희의 눈은 호수 같아. 연희의 눈을 들여다보고 있으면 물속으로 빨려 들어가는 것 같아. 연희를 위해서라면 당장이라도 내 목숨을 바칠 수 있어."

김미현은 두 사람이 고향 집까지 내려왔기 때문에 깊은 관계라고 생각하고 있었다.

"오빠! 연희 언니랑 같이 잤으니 오빠가 책임져야 해."

김종수의 대답은 뜻밖이었다.

"우리는 같이 잔 적이 없어."

"왜? 연희 언니가 얼마나 오빠를 사랑하는데."

김종수는 서글픈 표정으로, 그러나 단호하게 답했다.

"나는 경제적으로 책임을 질 수 있는 능력이 생길 때까지 결혼 안 할 거고, 그때까지 연희의 순결을 지켜줄 거야."

실제로 김종수는 마지막까지 연희의 순결을 지켜준다. 만약 책임을 지지 못하게 되었을 때라도 그녀에게 상처를 남기지 않기 위함이었을 것이다.

막내 여동생 김수연은 언니 오빠들의 희생 덕분에 집안에서 유일하게 대학을 나올 수 있었다. 깨인 아버지와 미현 언니에게 배워서 독서광으로 자라난 수연은 훗날 고등학교 교사이자 저술가가 된다.

특이하게도 막내 남동생 김종문은 낚시에 재능이 있었다. 동네 아이들은 낚시꾼들이 저수지 주변에 버리고 간 낚싯바늘과 줄을 주워 대나무에 묶어 낚시를 했는데 김종문은 그럴 필요가 없었다. 종수 형이 제대로 된 낚싯대를 두 대나 사주었기 때문이었다.

　김종수는 휴가 때면 김종문과 같이 저수지에 올라가 밤새 같이 낚시도 했다. 빈 깡통에 카바이드를 담고 물을 부은 다음 부글거리며 피어오르는 가스에 불을 붙여 전등을 대신했다. 형제가 물가에 나란히 앉아 밤이슬을 맞으며 밤을 새워 낚싯대를 드리우고 있노라면, 산마루로 커다란 황금 쟁반처럼 떠올랐던 추석 대보름달이 밤하늘을 가로질러 서산마루로 넘어가고, 샛별이 떠올랐다. 가만히 앉아 있는 것만도 즐겁고 행복한 시간이었다.

　밤새 낚시를 하면 붕어, 잉어, 꺽지 같은 큰 물고기들이 제법 잡혔는데 요리해 먹지는 않았다. 식구들이 하나같이 비위가 약해서 비린내 심한 민물고기 매운탕을 좋아하지 않아서였다. 금천마을 큰아버지에게 갖다주거나 동네 어른들에게 나눠주었다.

　김종수는 동생들이 원하면 무엇이든 해주는 형이요, 오빠였다. 한번은 막내 종문이 휴가 때 내려온 형에게 박달나무 활을 만들어달라고 했다. 김종수는 그때 농사일을 하다가 발목을 삔 상태였다. 나중에 만들어준다면 그만이었다. 그러나 동생의 부탁을 거절하지 않고 산으로 박달나무를 자르러 갔다가 발이 퉁퉁 부어 걷지도 못하게 되었다. 이 사실을 안 어머니가 화가 나서 야단을 쳤지만, 김종수는 활을 완성시켜주었다.

　명절이라고 놀기만 한 건 아니었다. 추수철인 추석이 가장 풍요롭고도 바빴다. 온 식구들이 논에 나가 벼를 베어 볏단으로 묶어 세우고 콩과 깨를 거둬들였다. 김상배 씨가 오래전에 심어놓은 마당의 네 그루 호두나무는 하늘이 안 보이도록 울창하게 커 있었다. 긴 대나무를 휘둘러 호두를 따는 일도 즐거웠다. 땀 흘려 일한 뒤에는 남자 형제들끼리 동네 당산나무 아래 소에서 홀랑 벗고 목욕을 하고 왔다.

추석 무렵의 가장 큰 가을 농사는 밤 따기였다. 김상배 씨는 몇 해 전부터 밤나무밭을 빌려 밤농사를 짓고 있었다. 마을에서 저수지 쪽으로 조금 올라가다가 왼편으로 들어가는 골짜기에 있는 밤나무밭으로, 넓이가 3000평이니 꽤 컸다.

밤 따는 날이면 온 식구가 아침 일찍 경운기를 타고 나섰다. 밥해 먹을 솥과 쌀, 반찬까지 경운기에 싣고 밤나무밭에 도착하면 어머니는 개울가에 솥을 걸고 밤나무 가지를 때서 밥을 했다. 어머니가 밤나무 숯불에 구워주는 돼지고기를 다들 좋아했다.

밤나무밭 바닥에는 아람이 벌어져 떨어진 탐스러운 밤알들이 널려 있었는데 떨어진 알밤은 이미 벌레가 먹었거나 멧돼지, 청설모 같은 산짐승들의 밥이었다. 사람이 쓸 밤은 아직 나무에 달려 있었다. 식구들은 대나무를 휘둘러 밤송이들을 떨어뜨린 다음 한쪽에 판 구덩이에 쏟아 넣었다. 구덩이에 밤송이가 가득 차면 물을 뿌린 다음 가마니로 덮어서 며칠 놔뒀다가 가보면 껍질이 썩어서 막대기로 툭툭 건드리기만 해도 밤알이 쏟아져 나왔다. 모은 밤알은 경운기로 집에 싣고 와서 마당에 널어 습기를 제거해 장사꾼에게 팔았다.

산에는 멧돼지도 많았다. 멧돼지들은 대낮에도 알밤을 주워 먹으려고 밤나무밭에 나타나곤 했다. 명절이 겹치지 않더라도 해마다 밤을 추수할 때면 꼭 집에 내려와 부모님을 돕던 김종수는 몇 번이나 멧돼지를 만났다. 그때마다 신발을 벗어 던지며 소리쳐서 내쫓기도 하고 새끼 멧돼지를 잡으려다가 신발이 벗겨지는 바람에 발바닥에 온통 가시가 박혀 어머니가 빼주기도 했다.

아버지가 밤나무 과수원을 하면서 가족은 한동안 잃었던 행복을 다시 찾아갔다. 큰아들 김종성은 서울 고모 집에서 도배 기술을 배워 도배사가 되었고 김종수와 김옥현은 봉제 기술자가 되어 앞으로 살아가는 데 큰 문제가 없을 것이었다. 덕분에 아래로 세 동생은 큰 어려움 없이 학교에 잘 다니고 있었다.

김종수는 학력 미달로 군대에 징집되지 않았다. 군에 갈 젊은 인구는 넘치는데 중학교 중퇴자가 많지 않았기 때문이었다. 대신 4주간 집에 내려가 살면서 매일 도시락을 싸 들고 부근의 군부대로 기본 군사훈련을 받으러 다녔다.

어린 나이에 객지로 나간 아들딸들 생각에 늘 마음 한쪽이 아리던 어머니였다. 둘째 아들이 내려와 있는 동안, 이옥선 씨는 온갖 정성을 다해 맛있는 반찬을 해서 먹이고 도시락을 싸주었다. 버스를 타고 번암 시장까지 나가 고기와 생선 같은 비싼 재료를 사 오고 그녀만의 독특한 요리법으로 반찬을 해서 아들을 기쁘게 했다. 덕분에 검박한 생활에 익숙해 있던 동생들까지 푸짐하고 맛있는 도시락 반찬에 신이 났다.

둘째 아들이 번듯한 재단 기술자가 되자 아버지 김상배 씨도 관대해졌다. 예전과 달리 김종수가 집에 오면 싱글벙글 웃으며 곁을 떠나지 않았고, 대화도 많이 했다. 함께 밥을 먹을 때면 반주로 막걸리를 권하며 고생 많았다고 격려도 했다. 하루는 김종수가 막내와 놀고 있는데 돈 만 원을 건네며 말했다.

"종수야, 동생 데리고 가서 5000원은 맛있는 거 사 먹고 5000원은 당구 치고 놀다 와라. 재미있게들 놀아."

김종문은 어려서 당구장에 따라갈 수 없었지만, 아버지가 작은형에게 살갑게 대하는 모습이 오랫동안 잊히지 않았다.

1987년 여름, 사촌들과 밤나무밭에서 일하고 오던 날이었다. 산에서 내려오는 길에는 메밀밭이 있었는데 하얀 꽃이 흐드러지게 피어 있었다. 김종수와 김종성은 녹음에 덮인 푸른 산을 배경으로, 메밀꽃밭 가운데 나란히 서서 사진을 찍었다.

흰 와이셔츠 차림의 김종수는 이목구비 뚜렷한 갸름한 얼굴에 양쪽

고향 앞산에서 형과 함께

으로 가르마를 탔는데 좀처럼 활짝 웃는 법이 없던 그는 이날도 도전
적인 눈매로, 햇볕에 눈이 부신 듯 지그시 카메라 렌즈를 응시하고 있
었다.

메밀꽃 언덕에서 찍은 이 한 장의 사진이 김종수가 가족과 찍은 마지
막 사진이 될 줄은 아무도 몰랐다.

세 친구

1987년 여름, 한국은 또 한 번의 큰 변화를 맞았다.

전두환 정권은 7년 임기 마지막 해를 맞아 정권 연장에 골몰하고 있었다. 1986년 말부터 서울과 경기도의 노동단체들에 대한 일제 검거에 들어가는 한편, 노학연대 전술 아래 노동운동을 지원해온 대학생 조직을 와해시키는 데 경찰력을 집중하고 있었다.

박종철은 노학연대를 주도한 학생 조직의 일원으로, 1985년 6월에는 구로공단의 동맹파업을 지원하는 시위로 체포되어 구류를 산 적 있고, 1986년 4월에는 신당동에서 벌어진 제3차 청계피복노조 합법성 쟁취 가두시위에 참가했다가 구속된 적이 있었는데 1987년 1월 14일, 남영동에 있던 치안본부 대공분실에서 수사를 받던 중 물고문으로 질식사했다.

박종철의 죽음은 전국적 시위의 도화선이 되었다. 스물두 살의 YH

무역 노동자 김경숙의 죽음이 박정희 정권을 무너뜨리는 도화선이 되었다면, 전두환 정권을 무너뜨린 시발점도 노동운동을 지원해온 스물세 살의 청년 박종철인 것은 우연이 아니었다.

6월이 되면서 전국의 모든 주요 도시에서 거의 매일 밤 시위가 벌어졌다. 대학생들과 의식 있는 노동자들은 물론이요, 현실운동에서 멀었던 사무직노동자들까지 거리로 쏟아져 나와 자정이 넘고 새벽이 오도록 중심가들을 점거하고 군부독재 타도와 대통령직선제 개헌을 외쳤다. 전국의 시위대 숫자는 연일 100만 명 이상으로 추산되었다.

매일 밤늦도록 일을 해야 하는 김종수와 친구들은 시위에 참가할 기회조차 없었다. 그렇지만 변화의 분위기는 느끼고 있었다. 자전거를 끌고 자재를 사러 거리에 나갔다가 최루탄을 뒤집어쓰거나, 공장 안으로 스며드는 최루탄 가스에 눈물을 흘리며 일했다. 눈 밑에 치약을 바르면 덜 맵다는 소문을 듣고 따라 해봤지만 별 도움이 되지 않았다.

전두환 정권은 마침내 6월 29일 대통령직선제로의 개헌을 포함한 일련의 개혁을 약속했다. 그러나 이는 반쪽의 승리였다. 직선제 등의 정치제도 개선은 박정희 정권이 악화시킨 민주주의를 원점으로 되돌리는 것에 불과했다. 자본주의의 근본 모순인 불평등에 대한 요구는 이제 시작이었다.

이해 7월 말부터 전국의 주요 공장에서 근로조건 개선과 노동운동의 자유를 요구하는 파업이 일어나기 시작했다. 한국 역사상 최대 규모의 파업인 '87년 7·8월노동자대투쟁'이었다.

1987년 당시 한국 노동자들의 주당 근로시간은 54.4시간으로 미국이나 일본보다 13시간이 더 많았다. 이는 그나마 통계 가능한 규모 있는 기업체의 실정으로, 김종수가 일하고 있던 청계천 일대 봉제공장들은 주당 70시간을 넘었다. 일요일도 일하는 날이 많으니 사실상 한 달 내내 자유 시간은커녕 쉴 시간도 갖지 못한다는 뜻이었다.

저임금 실태는 보수적인 언론들조차 지적할 정도로 심각했다. 보수 언론의 상징이던 『조선일보』조차도 이 무렵인 1987년 8월 13일 자로 구로공단에서 일하는 한 여성 노동자의 현실을 자세히 취재해 이렇게 보도한다.

> 고교를 나와 고향을 떠나 6년째 일하고 있는 그녀의 월급은 16만 원, 그 속에서 자취방 월세로 4만 원, 음식값에 3만 원, 교통비 8천 원, 기타 필요경비 6천 원을 쓴다. 나머지 7만 원에서 재형저축 3만 원을 들고 또 2만 원을 고향의 부모에게 꼬박꼬박 보낸다. 그녀가 쓸 수 있는 용돈은 2만 원, 그 속에서 옷도 사 입어야 하고 책도 사 봐야 한다. 병이라도 한번 나면 당장에 빚을 지는 신세가 된다.

이런 현실은 중소기업보다 나은 대우를 받는다는 대기업 노동자들도 크게 다르지 않았다. 조선, 자동차, 제철 등 중화학 공장의 노동자들은 고강도의 위험한 작업뿐 아니라 병영이나 다름없는 폭력적인 통제를 받고 있었다. 임금이 많다지만 이는 주야간 맞교대나 장시간 잔업으로 얻은 것일 뿐, 기본급은 큰 차이도 없었다.

이러한 현실에 맨 먼저 들고 일어난 것은 분노가 집단화되기 좋고 폭발적인 저력을 가지고 있던 탄광노동자들과 조선소노동자들이었다. 7월 말부터 강원도 탄광 지대와 울산공단에서 대규모 파업이 시작되더니 9월까지 전국의 수천 개 공장에서 파업이 일어났다. 노동계급의 대장정이 시작된 것이다.

1987년 한 해 동안 일어난 노동쟁의 숫자는 3749건에 이르렀다. 군사독재의 폭압에 짓눌려 있던 1982년의 88건에 비하면 무려 42배가 넘었다.

이를 두고 자생적인 파업이라 분석하는 것은 부분적으로만 옳았다. 최초의 발화점이 되었던 탄광이나 울산공단, 마창공단 등 전국의 주요 공장에서 목적의식을 갖고 조직을 해온 다수의 노동자가 존재했기에 가능한 일이었다.

주로 소모임을 통해 노동운동을 준비해온 이른바 '선진 노동자'들은 폭발적으로 터져 나오는 노동자들의 분노를 이끌어가기에는 역량이 부족한 경우도 많았지만, 대부분의 주요 사업장 투쟁이 이들의 발화에 힘입은 것이 사실이었다. 사무직 노동운동도 대부분 70, 80년대 대학에서 민주화운동을 경험한 이들이 주도했다고 보아도 좋았다.

향후 수년간 한국을 휩쓸 이 거대한 투쟁의 물결은 노동시간 감축과 임금의 인상 같은 기본적인 노동조건 개선의 효과만이 아니라 민주노조라 불리던 수많은 전투적인 노동조합을 탄생시킴으로써 한국의 자본가와 노동자 사이의 역학 구도를 변화시켜나간다. 정치 민주화의 요구를 넘어, 인간 평등을 요구하는 이 거대한 함성은 향후 한국 사회 전반에 큰 영향을 미치게 될 것이었다.

김종수에게는 민주주의의 의미를 알려주는 사람도 없었고 시위에 동참하자고 설득하는 이도 없었다. 그렇지만 마음속에 불덩이 같은 저항심을 갖고 있던 그는 본능적으로 민주화 투쟁에 동조하고 있었음에 분명하다. 이는 7·8월노동자대투쟁이 일어난 그해 12월 대통령 선거 때의 행동으로 알 수 있다.

제13대 대통령 선거가 치러지던 12월 16일, 김종수는 오직 투표를 위해 주소지가 등록된 고향에 내려갔다. 야당 후보 김대중을 찍기 위함이었다. 투표일밖에 쉴 수 없던 그는 기차를 타고 남원역에서 내려 택시를 대절, 번암면사무소에서 투표를 하고 당일로 올라갔다.

투표 결과는 참담했다. 시위에 참가한 적도 없는 평범한 노동자인 김종수까지도 이토록 열성이었으나 야당 후보가 김영삼과 김대중으로 분열되면서 군사정권의 2인자이던 노태우가 당선되고 만 것이다. 민주화운동권 주류의 지지를 받고 있던 김대중이 당선되는 것은 그로부터 10년이 지난 1997년이 되어서였다.

전국의 노동 현장이 파업의 소용돌이에 휩싸여가던 1987년 여름, 김종수는 자취를 하고 있었다. 하북마을 친구 조래윤, 이재갑과 함께였다.

세 친구가 얻은 방은 동대문 전철역에서 내려 창신동을 거쳐 10분쯤 걸어 올라가는 가파른 산언덕에 있었다. 한양도성 성곽 바로 밑에 있는 오래된 기와집이었다. 창신동을 거치지 않고, 지금은 없어진 동대문교회의 뒷길로 성곽을 따라 올라 다니기도 했는데 주소지는 충신동이지만 창신동 생활권이라 그냥 창신동 자취방이라고 불렀다.

부엌이 따로 없으니 집주인의 부엌을 잠깐 빌려 석유곤로에 라면이나 끓여 먹을까, 자취방이라기보다는 잠만 자는 방이었다. 그래도 공장 바닥에 골판지나 원단을 깔고 자는 것보다는 좋았다. 세 친구는 그곳에서 이듬해 1988년 여름까지 1년 정도 함께 살았다.

어려서부터 한 마을 단짝이던 세 친구였다. 노는 날이면 셋이 몇 시간이고 당구장 가서 놀고 한 번 들어가면 영화 두 편을 볼 수 있는 한영극장에도 곧잘 갔다. 이재갑의 작은아버지가 부자라 당시의 최고급 승용차인 '슈퍼살롱'을 갖고 있었는데 운전면허가 있던 이재갑이 그 차를 몰래 훔쳐 와 셋이 신나게 돌아다니다가 사고를 내서 혼나기도 했다.

세상은 변하고 있었지만 가난한 사람들의 삶에는 변화가 없었다. 세 친구의 관심은 어떻게 하면 많은 돈을 벌 수 있을 것인가였다. 김종수는 술에 취하면 말했다.

"우리가 이게 사람 사는 꼴이냐? 이건 사람 사는 게 아니야. 이 세상 누구도 이렇게 살아서는 안 돼."

노동자 생활로 소년기를 보내고 청년이 된 그들은 자본가는 결코 노동자가 부자가 되기를 원하지 않는다는 것을 잘 알고 있었다. 자본가 밑에서 노동자로 살아서는 영영 가난을 벗어날 수 없음을 경험으로 알고 있었다.

돈을 버는 방법을 알지는 못했다. 세 친구가 배운 기술이라고는 재단뿐이었는데, 봉제공장은 재단 기술이나 돈만으로 차릴 수 있는 게 아니었다. 누군가를 가혹하게 착취할 수 있어야 했다. 시도 때도 없이 얻어터지고 험한 욕설을 들으며 분노를 쌓아가고 있던 세 친구에게 봉제업은 선택지가 될 수 없었다. 김종수가 경험했던 빵공장이니 양말공장도 마찬가지였다.

세 친구의 결론은 스스로 자본가이자 노동자가 되는 것이었다. 적은 자본으로 점포를 차려서 본인이 직접 일하는 소자본가의 길이었다. 매일 밤 머리를 맞대고 연구해 생각해낸 것이 겨우 포장마차였다. 셋이 돈을 모아 중앙시장에 가서 포장마차를 맞추고 주방 도구도 사서 그럴듯한 포장마차를 만드는 데까지는 성공했다. 그러나 늘 배가 고팠던 스물두 살 청년들의 참을 수 없는 식욕 앞에 음식이 남아날 리 없었다. 장사는 잘되지도 않는데 셋이서 죽기 살기로 술과 안주를 먹어 치우기를 해 며칠 만에 포기하고 말았다.

장사는 포기했지만 계속해서 발전의 길을 모색하던 김종수와 조래윤은 공부로 방향을 잡았다. 고향에는 국민학교만 나온 이가 흔하고 고등학교에 진학한 친구가 거의 없다 보니 다른 농촌도 그런 줄 알았다. 그러나 평화시장조차도 남자 노동자 중에 국졸 학력자는 거의 없었다. 도시 출신은 물론이고, 전라도에서도 남쪽 끝인 고흥, 장흥 같은 데서 올라온 이들도 중학교는 다 졸업했고 고등학교 졸업자도 흔했다. 단짝인 이재갑도 고등학교는 졸업하고 올라와 있었다.

김종수와 조래윤은 어떻게든 고등학교 졸업장을 따자고 약속했다. 구로공단의 대형 의류공장에 들어가면 야간에 산업체 고등학교에 다닐 수 있다는 정보도 얻었다. 평화시장에서 재단 기술을 익혀 구로공단의 대공장에 취직하는 게 새로운 계획이 되었다.

이때 예상치 못한 문제가 생겼다. 중학교 졸업장이 없으면 산업체 고등학교에도 입학할 수 없다는 것이었다. 김종수나 조래윤이나 졸업을 못 했으니 중학교부터 다녀야 했다.

여동생 김미현이 번암중학교 3학년에 재학 중이었다. 마침 비수기로 놀 때였다. 김종수는 고향에 내려가 중학교 3학년에 복학하려고 알아보았다. 김미현은 오빠랑 같은 학년에 다니면 창피하다고 투정했지만, 김종수는 중학교 때 담임이던 기술 선생을 만나서 사정해보았다.

결과는 불가였다. 김종수는 자기 스스로 학교에 안 나갔으니 자퇴로 처리되어 있을 줄 알았는데 장기 결석으로 인한 퇴학 처분을 받은 것이었다. 자퇴한 학생은 복학이 가능해도 처벌의 일종인 퇴학을 당한 학생은 복학이 안 된다고 했다.

그게 실망하고 올라온 김종수는 조래윤과 상의해 중학교 검정고시부터 보기로 했다. 유명한 검정고시 전문학원인 수도학원 중학교 과정에 함께 등록했다. 작업이 늦게 끝나는 날이 대부분이라 야간반은 다닐 수 없어서 새벽반으로 했다.

하지만 육체의 피로를 정신력으로 극복하기는 힘들었다. 매일 밤늦도록 일하고 피로가 풀리지 않은 꼭두새벽에 일어나 학원에 가니 공부가 될 리 없었다. 강사의 말은 꿈처럼 아득했고 칠판의 글자들은 난해한 기호처럼 보였다. 미친 듯 졸음만 쏟아졌다. 잠을 못 자니 낮에 일하는 데도 지장이 왔다. 공부에 한이 맺혀 시작한 검정고시 공부는 끝을 보지 못하고 말았다. 김종수의 학력은 끝까지 중학교 중퇴로 남았다.

셋이 의기투합해 흥분으로 밤을 새우며 세웠던 계획들이 하나하나무산되자 김종수는 조래윤에게 말했다.

"공부를 더 하겠다는 생각을 접어야겠다. 동생들이나 고등학교를 졸업하고 대학까지 갈 수 있도록 뒷받침을 해줘야겠어."

공부의 꿈은 접었지만, 친구들과 함께하는 시간은 즐거웠다. 무엇보다도, 김종수에게는 연희가 있었다.

같은 공장에서 만난 연희는 미싱사로 일하면서 종로 5가 연동교회에 다녔다. 자취방이 있는 충신동에서 멀지 않은 곳이었다. 연희는 독실한 기독교인이었으나 김종수는 신앙심 같은 건 없었음에도 함께 자취하는 두 친구까지 연동교회에 데리고 갔다. 두 친구도 교회에 가면 또래 여자들이 있으니 사귀어보려고 따라갔는데 조래윤은 진짜 기독교인이 되었다.

김종수와 연희는 둘이서만 놀기보다 친구들과 함께 어울리는 때가 많았다. 같이 창신동 골목 호프집에 가기도 하고, 돼지고기를 사 들고 대성리와 청평의 한강 변에 나가 구워 먹기도 했다. 넷이서 야외에 갈 때는 '마이마이'라는 상표로 유행하던 휴대용 녹음기에 녹음테이프를 틀어놓고 술에 취해 춤추고 노래를 불러댔다.

연희는 두 친구가 보기에도 천사 같은 아가씨였다. 부러웠던 두 친구는 김종수에게 자기들에게도 여자를 소개해달라고 졸랐다. 김종수가 말하니 연희도 좋다며 미싱사 두 명과의 만남을 주선했다.

미팅을 앞둔 세 친구는 종합시장에 있는 양복점에서 똑같은 감색 양복을 맞춰 입었다. 김종수는 그럴 필요가 없었으나 친구들과 똑같이 감색 양복을 맞췄다. 셋 다 태어나서 처음 입어보는 양복이었다.

미팅 장소는 종로 6가 백제약국 옆 건물 2층에 있는 초원다방이었다. 약속대로 연희의 친구 둘이 나왔으나 연애로 이어지지는 않았다. 그렇지만 한 벌에 5만 원씩이나 주고 맞춰 입은 양복이 아깝지는 않았다. 세상에서 가장 친한 세 친구의 우정을 상징하는 옷이었기 때문이다.

연희와 이별 아닌 이별을 하게 된 것은 김종수가 1988년 7월 31일 자로 구로공단에 있는 (주)서광 구로공장에 취업하면서였다.

동대문과 구로공단은 너무 멀었다. 휴대전화는 대중화되기 전이고 집 전화도 없어 연락도 쉽지 않았다. 연희의 공장과 김종수가 살게 된 지물포에는 전화가 있었으나 둘 다 일주일 내내 밤늦도록 일하니 통화가 어려웠다.

고향 친구들도 만나기가 힘들어졌다. 김종수가 구로공단으로 가고 얼마 후에는 이재갑이 고향으로 내려가버려 충신동 자취방은 없어졌다. 동대문에 혼자 남은 조래윤은 여전히 일요일도 없이 일하니 만나기 힘들었다.

그러나 김종수가 단지 시간이 없어서 연인과 친구를 못 만난 건 아니었다. 청계천 봉제공장과 달리 서광은 일요일에는 놀았고 잔업이 없는 날도 있었다. 김종수가 의지만 있다면 전철로 1시간 거리인 동대문에 놀러 가는 게 어려운 일만은 아니었다.

김종수가 동대문에 갈 시간을 내지 못한 데는 다른 이유가 컸다. 노동자 생활 8년간 쌓인 울분에 공감해줄, 이 부조리한 세상을 어떻게 바꿀 것인가에 대한 의문을 풀어줄 새로운 친구들을 만난 것이다.

제2부　종수의 편지

사장들이 원하는 것은

연희! 나야, 종수.

그동안 어떻게 지냈어?

해외로 수출하는 유명한 의류회사에 취직한다는 부푼 꿈을 안고 평화시장을 떠난 지 한 달이 넘었는데 연락 한번 못 했네. 큰 회사라고 해서 잔업이 없을 줄 알았는데 매일 밤 9시가 넘어야 끝나고 선적이 급할 때는 일요일에도 출근해야 하니 몸도 마음도 여가를 낼 수가 없었어. 동대문까지 한 시간이면 갈 수 있건만, 돈도 시간도 없는 우리 같은 사람들에게는 얼마나 먼 거리인지, 그리움을 편지로 대신할 수밖에 없는 나를 용서해줘.

이곳 구로공단은 1963년부터 짓기 시작한, 우리나라에서 제일 오래된 수출산업단지야. 대림동과 안양천 사이의 나직한 언덕과 평지에 펼쳐진 공장들은 3개 공단으로 나뉘어 있는데 나는 그중에서 제3공단에 있는 주식회사 서광에서 일하고 있어. 가난한 우리는 입어본 적이 없지만, 악어 모양의 자수 문양으로 유명한 프랑스 상표인 라코스테, 행텐, 까뜨리네뜨 같은 고가 의류를 생산해 국내 소비도 하고 수출도 하는 회사야.

서광은 소주로 유명한 진로그룹에서 1961년에 만든 의류회사인데 제2공단에 본사를 두고, 제3공단에 생산 공장을 두었어. 바로 내가 일하는 곳이지. 이곳에는 800여 명이 일하고 있는데 인천 부평공단에 있는 공장에도 1000명 넘게 일하고 있다고 들었어. 많아야 30명이 일하는 공장만 다니던 내게는 엄청나게 큰 회사지.

공장 건물만 보면 제법 그럴듯해. 회사 정문으로 들어가면 가운데 넓은 운동장이 있고 운동장 건너 정면에 식당과 기숙사가 있어. 주 작업장은 왼쪽으로 긴 2층 건물인데 2층은 봉제반이, 1층은 재단반이 쓰고 있어.

이만하면 크고 깔끔한 공장이지만 일하는 사람들의 삶은 어디나 같은 것 같아. 구로공단만 아니라 독산동에서 신도림동까지 영등포구와 구로구 일대의 공장에서 일하는 이의 숫자는 20만 명이라더라. 아침마다 거리를 메우는 출근 행렬이며, 한밤중까지 환하게 밝혀진 공장의 불빛들은 장관이지만, 우리 같은 이들이 살아가는 현실은 평화시장이나 이곳이나 다르지 않아.

공장지대를 둘러싸고 있는 나직한 언덕마다 2, 3층짜리 벽돌집들이 끝이 안 보이게 덮여 있지만, 우리에게 허용된 주거 공간은 어디까지나 자기 몸 하나 겨우 눕힐 공간뿐이야. 벽돌집들은 많으면 30개가 넘는 방들로 이뤄져 있어 닭장집이라고 불러. 닭장집의 방 한 칸은 서넛이 누우면 꽉 차는 넓이인데 비싼 월세 때문에 혼자 사는 방은 거의 없어. 그 좁은 공간에 비키니장 놓고 이것저것 살림살이를 놓으면 둘이 비집고 자야 할 지경이라 온방도 안 되는 나무 다락방에서 자는 이도 있어. 방마다 수도가 설치된 부엌이 딸려 있지만, 위로는 다락방이라 머리가 닿고 연탄 화덕 앞에 앉으면 뒷벽에 엉덩이가 닿을 지경이야. 어느 집이나 화장실은 1층 대문 안쪽에 공용으로 지어져 있는데 악취도 지독하거니와 아침저녁이면 남녀 구별도 없이 길게 줄을 서서 사용해야 해.

더 비참한 건 이런 방에서 자취 생활을 하는 것도 쉽지 않다는 거야. 아무리 잔업을 해봤자, 재단사로 취업한 나도 실수령액이 18만 원이고 미싱사나 보조공들은 16만 원 받으면 많이 받는 거야. 닭장집 월세는 보통 7만 원인데 전기세, 수도세 내고 연탄 때서 밥해 먹으려면 남는 돈이 없지. 그래서 여럿이 방 한 칸을 빌려 살 수밖에 없어.

운이 좋으면 기숙사가 있는 공장에 들어갈 수 있지만, 닭장집보다 크게 나을 것도 없어. 먼지 구덩이 원단 틈새에서 새우잠을 자야 하는 평화시장보다는 한결 낫고 밥도 무료로 나오니 좋지만, 한 방에 대여섯 명씩 살아야 하니 개인 생활도 없고 외출 통제도 심해서 어떤 면에서는 닭장집보다 못해. 그래서 기숙사 생활을 하는 사람들의 꿈은 어서 돈을 모아 자취방을 얻는 거야. 닭장에서 닭장으로 가는 데 불과하더라도, 뭔가 자유로울 거라는 소박한 희망을 품어보는 거지. 혼자 살아보고 싶기도 하고, 자기 입맛에 맞는 음식을 해 먹고 싶기도 하니까.

다행히 나는 회사 밖에서 종성 형과 자취를 하고 있어. 형이 도배공으로 일하는 지물포에 딸린 작은 방이야. 가리봉오거리 천일극장 건너편 길모퉁이에 있어. 살림살이라곤 없고 밥을 해 먹기도 불편한 단칸방이지만 월세를 안 내니 좋아. 어려서부터 절친했던 형과 잠들기 전에 두런두런 이야기를 나누노라면 어린 시절 고향 집 사랑방으로 돌아간 기분이기도 하고.

애초에 서광에 취직한 것도 형 덕분이었어. 구로공단에서도 조건이 나쁜 공장들은 직장 이동이 잦아서 회사 정문 앞에 상시로 모집 공고를 붙여놓는데 서광은 소개가 있어야 들어갈 수 있는 공장이거든. 고모 집에서 도배 기술을 배운 형은 재작년부터 이 지물포에서 먹고 자며 일하고 있었는데 거래처 중에 서광 관리자들이 있어서 나의 취직을 부탁한 거야. 서광 관리자들에게 성실함을 인정받은 형 덕분에 쉽게 취직할 수 있었지.

형이 서광에 취직시켜주겠다고 했을 때, 나는 갈등했어. 연희와 멀어지는 게 싫었거든. 그런데 연희도 잘 알듯이, 평화시장 일이라는 게 바쁠 때는 바빠도 비수기가 되면 실업자가 되니 돈을 모으기가 쉽지 않잖아. 안정적으로 꾸준히 일을 해야만 조금씩이라도 돈을 모아 우리의 꿈을 이룰 수 있다는 생각이 들었지.

한때 포기했던 공부를 다시 할 수 있지 않을까 하는 희망도 없지 않았어. 큰 회사에 다니면 시간이 많을 테니 중학교 검정고시 공부를 해서 야간고등학교에 입학할 수도 있겠다는 조그만 희망이었어. 그러나 배움의 꿈은 겨우 한 달이 넘었는데 벌써 포기 상태야. 평화시장과 다름없이 거의 매일 야간작업을 해야만 하기 때문이야.

우리 구로공장 800여 명의 대부분은 여자들로, 봉제부에서 미싱을 해. 남자는 내가 일하는 재단반하고 완성반을 합쳐도 100명이 안 될 거야.

연희도 잘 알듯이 봉제일은 원래 바쁘지. 그런데 서광 봉제반은 평화시장보다도 더 바빠. 한 명의 미싱사가 옷의 전 과정을 맡는 평화시장과는 달리, 서광은 라인 작업이라서 그래. 와이셔츠 하나를 만들어도 앞 판, 뒷 판 붙이는 사람 따로 있고 팔은 팔대로, 주머니는 주머니대로 붙이는 사람이 따로 있는 식이야. 재단반에서 필요에 따라 재단한 원단을 2층 봉제반으로 올려보내면 라인을 따라가는 사이 하나씩 재봉질로 봉합해 맨 마지막으로 단추를 달아서 다른 건물에 있는 완성반으로 내려보내는데, 라인을 따라 밀려오는 일감을 처리하지 못하면 다음 공정까지 마비되니 온종일 정신없이 일해야 하는 거야. 아무리 열심히 일해도 어디선가는 정체될 수밖에 없으니 반장, 조장들의 고함과 욕설이 끊이지를 않아. 봉제반에는 연희처럼 평화시장에서 객공으로 일하다가 온 미싱사들이 많은데 혼자 옷을 완성하는 것보다 서광의 라인 작업이 더 힘들다고 하더라.

어쩌다가 2층 봉제반에 올라가 보면 똑같은 작업복을 입은 수백 명이 재봉질을 하는 광경이 나름대로 멋있어 보이기도 해. 수백 개의 재봉틀 돌아가는 소리는 양철 지붕에 비가 쏟아지는 듯하지. 그러나 귀가 먹먹한 재봉틀 소리 사이사이로 들려오는 욕설이며 신경질적인 고함들이 이내 마음을 무겁게 해. 피로를 못 이기고 졸다가 욕먹고, 실수했다고 욕먹고, 재봉 바늘에 손가락을 찔려 난리가 나는 거야. 습관처

럼 "빨리! 빨리!"를 외치고 다니는 조장, 반장들의 목소리를 들으면 죄
없는 사람도 긴장이 될 수밖에 없어.

　미싱사들을 제일 힘들게 하는 것은 불량이 나는 거야. 연희가 더 잘
알겠지만, 미싱사의 실수보다는 미싱이 작동이 안 돼 생기는 불량이 더
많은 법이지. 바늘이 일정하게 한 땀, 한 땀 정확하고 촘촘히 박혀야 하
는데 땀 간격이 안 맞을 때가 있거든. 그러면 다 만든 옷을 뜯어서 다
시 재봉질을 해야 해. 라인이 멈추면 안 되기 때문에 불량을 낸 미싱사
는 점심시간에도 밥만 먹고 뛰어와 일하고, 오전과 오후에 10분씩 주
어지는 휴식 시간에도 쉬지 못하고 고쳐놔야 해. 그럴 때는 화장실에
갈 겨를도 없는데 작업시간에 참지 못하고 화장실에 가려고 하면 또
한바탕 조장에게 모욕을 당해야만 해.

　봉제반에서 내려온 옷을 다림질하는 완성반에는 남자가 많아. 와이
셔츠같이 가벼운 옷은 여자들이 다리지만 서광의 주 품목인 양복과 코
트는 크고 무거워서 남자들이 맡거든. 일 자체가 어렵지는 않아. 코트
를 아이롱 기계에 걸어놓고 스팀으로 눌렀다 떼면 한 번에 다려지거든.
그렇지만 2층 봉제반에서 온종일 엄청난 물량이 내려오니 정신 차리기
힘들게 바빠서 거의 매일 밤 10까지 일하고도 일요일에도 뒷정리를 하
러 출근하는 날이 많아.

　내가 일하는 재단반 분위기도 삭막하기는 마찬가지야. 전부 남자인
30여 명의 재단사가 아침부터 한밤까지 쉬지 않고 본을 뜨고 기계로
잘라서 봉제반으로 보내는데 작업 공정의 맨 앞이라 여기서 차질이 생
기면 전체 공장이 멈춰야 하니 마음이 바쁠 수밖에 없어. 평화시장처럼

따귀를 때리거나 마자로 내리치는 일은 거의 없지만 조금만 문제가 있어도 말로 옮기지 못할 욕을 퍼부어대고 겁을 주는 거야.

이렇게 현장 분위기가 살벌한 건 봉제반, 재단반, 완성반 할 것 없이 반장, 조장 중에 반은 건달이나 다름없는 껄렁껄렁한 남자들이 있기 때문이기도 해. 운동선수로 진출하려다가 안 풀려서 들어온 체육과 출신들도 있고 구로동에서 건달 노릇을 하다가 들어왔다는 이도 있는데 그 사람들 입에서 나오는 건 욕밖에 없어. 라인이 밀리거나 불량이 생기면 40대 아줌마들에게도 반말로 욕을 퍼부어대는데 민망해서 들을 수가 없어. 월차휴가를 청구하면 누구 허락을 받고 월차를 쓰냐며 욕을 해대고 잔업에서 빼달라고 말했다가는 회사 그만두고 싶으냐고 윽박지르니 복종할 수밖에 없어.

엄격하게 사람을 가려 뽑는 서광이 기술도 없는 깡패 같은 사람들을 조장이나 반장으로 채용한 건 노사분규를 막으려 함이라는 소문도 있어. 소문이 사실인지는 모르겠지만, 그 사람들이 노동조합 집행부니 대의원을 차지하고 있는 건 맞아. 회사 정문으로 들어서면 오른편으로 조그만 노동조합 사무실이 있는데 반장, 조장들만 드나들거든. 노동조합이란 게 일하는 사람들을 대변하고 지키는 단체인데 그런 사람들이 휘어잡고 있으니 있으나마나지. 현장 사람들이 노동조합 근처에도 가지 않는 이유를 알겠더라고.

인간이란 생각하는 동물이야. 끊임없이 무언가를 상상하고 창조하며 보람 있게 살고 싶은 게 인간이야. 하루에 12시간씩 한자리에서 똑같은 일을 수백 번씩 되풀이하고 있노라면 손은 움직이고 있어도 영혼은 우리를 빠져나가 버려. 남은 것은 박제가 된 육신뿐이야. 나를 움직이게 하는 것은 피라미드를 만들고 비행기를 만드는 인간의 위대한 두뇌가 아니라, 나의 어깨와 손가락 속에 들어 있는 어떤 기계장치 같아. 아무 의식 없이 생명 유지 장치에 의존해 살아 있는 중환자와 다름없어.

처음에 출근했을 때는 그래도 새로운 환경에 대한 호기심도 있었지. 새로운 사람들, 새로운 작업에 어서 빨리 적응하기 위해 눈치도 보고 사람들과 친해지려 노력도 했어. 하지만 하루하루 똑같은 일이 반복되니 아침에 출근했을 때 잠시나마 반짝이던 긴장감조차 사라져버리고, 월급을 타면 무얼 할까, 주택복권이 맞으면 무얼 할까 같은 즐거운 상상조차도 비집고 들어올 수 없는, 같은 동작만 끝없이 되풀이하는 로봇이 되어버렸어.

희망이 사라져버린 적막한 가슴에 남은 것은 한평생 이렇게 살아야 한다는 우울함뿐이야. 그리고 졸음이야. 눈을 뜨고 있어도 내 영혼은 잠들어 있고, 손은 움직이고 있어도 내 뇌는 잠들어 있어. 기계가 되어버린 우리를 자극하는 것은 조·반장들의 욕설과 고함이야. 자존심의 맨 밑바닥까지 긁어내리는 잔인한 말들이 우리가 인간임을 알게 해주는 유일한 수단이라니, 비참한 일이지.

어느 부서든 사람을 더 고용하면 지긋지긋한 잔업을 안 할 수 있고 그러면 피로가 덜해서 작업 능률도 오를 텐데, 회사는 절대 여유 있게 사람을 쓰지 않아. 사장이 되면 사람 하나 더 쓰는 것보다는 있는 사람을 혹독하게 부려먹는 게 이익이라는 것을 제일 먼저 배우나 봐. 빵

공장, 신발공장, 옷공장 할 것 없이 내가 다녀본 모든 회사가 그랬으니까.

회사라는 말 자체가 여러 사람이 뜻을 모아 만든 단체라는 것인데 현실에서는 사람은 사장 한 명뿐, 나머지는 재봉틀이나 재단판과 다름없는 기계 부품인 거지. 만일 우리를 대신할 정도로 유연한 로봇이 만들어진다면, 사장들은 가차 없이 우리를 내쫓고 로봇들을 고용할 거야. 로봇은 졸지도 않고 울지도 않을 테니까.

이 부조리한 환경 속에서, 사장의 돈벌이를 위한 부품으로 운명지어진 무기력한 개인이 할 수 있는 일은 무엇일까? 중학교를 중퇴한 열여섯 살 때부터 스물세 살인 지금까지 8년째 공장을 전전해온 나는 아직도 해답을 찾지 못하고 있어.

연희도 생각나지? 작년 여름 전국에서 데모가 터졌을 때, 우리는 아무 소리 못 하고 일만 했지. 그래도 세상이 바뀔지도 모른다는 들뜬 마음으로 남몰래 박수를 쳤잖아? 그리고 정말로 세상이 바뀌는 걸 보았어. 대통령직선제가 되고 전국의 공장에서 엄청난 데모가 일어나 월급이 수직으로 상승하는 기적적인 현실을 보았지.

우리가 일하던 평화시장은 예전과 다름없었지만 그래도 나는 뭔가 세상이 좋아지리라는 희망을 품었어. 그래서 대통령 선거 때는 재단사에게 엄청 욕을 먹어가며 결근을 하고 고향에 달려가 야당을 찍어주기도 했지. 그렇지만 야당들은 서로 대통령 되겠다고 싸움질만 하다가 기회를 놓쳐버렸고, 독재정권이 지금도 계속되고 있으니 누구를 믿을 수 있겠어?

노동조합이 희망일까? 작년부터 온 나라가 노동쟁의로 들끓고 있는 걸 보면 우리에게는 노동조합이 희망인 것 같은데 조장, 반장들이 조합 간부인 서광은 조용하기만 하네. 노조가 있는 회사에 처음 취직한 나는 노조가 무얼 하는 단체인지도 잘 모르는 데다, 조금 안다고 해도 신입 주제에 나설 수도 없으니 신문을 통해 나라 곳곳에서 일어나는 파업 소식을 지켜보며 혼자 흥분할 뿐이야.

평화시장에서 일할 때, 연희와 래윤이는 말했지. 이 사회가 잘못된 것은 맞지만 배운 것 없고 가진 것 없는 우리의 말을 그 누가 들어주겠냐고, 세상이 부조리할수록 우리는 더 열심히 일해서 가난을 벗어나야 한다고 말이야. 나도 공감을 했기에 같이 포장마차도 헤보고 검정고시 공부도 했었어. 이별의 아픔을 참고 대기업을 찾아 서광으로 온 것도 같은 뜻이었어. 그래서 대기업의 현실에 더 실망하는 건지 몰라. 중학교 중퇴 학력의 재단사인 내가 취직할 수 있는 가장 좋은 직장도 근본은 평화시장과 다르지 않음을 알게 되었으니까. 다만 공장 건물이 더 크고 일하는 사람이 더 많다는 것뿐, 우리 같은 사람은 그저 최소 비용으로 최대 생산을 짜내야 하는 소모품에 불과하다는 것을.

다행히 구로공단에 와서도 마음을 털어놓을 수 있는 친구를 만났어. 연희도 가본 내 고향 하북마을에서 장수읍 쪽으로 넘어가는 수분재 아래 살던 동창생 서동배와 연락이 닿은 거야.

얼마 전 서울로 돈 벌러 올라온 서동배는 고모네 식당 일을 도우면서 대림동에 있는 형네 집에 살고 있어. 내가 사는 가리봉오거리에서 걸어가도 되는 가까운 동네지. 둘 다 일에 치어 살면서도 한밤중에 만나 가리봉시장에서 순대나 닭발에 소주 한 잔씩 나누곤 해.

서동배는 번암중학교도 같이 다녔는데 우리 집보다 가정 형편이 조금 나아서 자전거를 타고 다녔어. 금천에서 번암으로 등하교하려면 반드시 우리 하북마을을 지나야 했는데 동배는 하교 길마다 우리 집에 들러 놀다 갔었지. 이곳에 와서 다시 만나니 얼마나 좋은지 몰라. 어려서부터 친한 사이라 무슨 말이든 나눌 수 있어 좋고, 이 몹쓸 사회에 대한 생각도 비슷해서 만나기만 하면 헤어질 줄을 모르고 수다를 떨 수 있어 좋아.

큰 회사 들어가서 좋겠다고 부러워하는 동배에게 수출 선적에 맞춰 일할 때면 얼마나 힘들게 일하는지, 죽어라고 야간근무를 해도 노고를 알아주기는커녕 어떻게든 연장수당을 안 주려고 한다고 말하면 같이 분노해주더라. 시골에만 살아 신문도 제대로 못 보던 동배는 노동조합에 대해 나보다 더 몰라서 내가 아는 대로 가르쳐주면 이해를 하든 못 하든 귀담아 잘 들어주고 내가 정부를 비난하면 맞장구도 쳐주니 좋아.

내 마음을 공감해주는 친구가 있다는 건 얼마나 좋은 일인지 몰라. 지난주에는 동배를 공장 안으로 데려와 구경시켜주고 방문 기념으로 서광에서 만든 옷도 한 장 선물했어. 악어 문양의 자수가 박힌 라코스테 상의였는데 사실은 불량 처리되어 공짜로 얻은 옷이었지만, 처음 입어보는 고급 옷이라고 무척 좋아하더라.

재단반 사람들과도 야간을 마치고 가리봉시장 순대국밥 집에 가서 소주를 마시곤 하는데, 그 사람들은 동배와 달리 아주 보수적이야. 입만 벌리면 김대중은 빨갱이라느니, 공장에서 데모하는 놈들은 몽땅 감옥에 처넣어야 한다고 침을 튀기며 떠들어. 자기들도 우리와 다름없이 사장의 돈벌이를 위한 기계 부품으로 살면서도 마치 자기가 사장이라도 된 양 착각하는 거야.

게다가 다들 얼마나 확고한 신념을 가졌는지 몰라. 내가 정치문제나 노사분쟁에 대해 어떤 이야기를 해도 귀담아듣지 않고 도리어 나를 이상한 놈이라고 쳐다보는 거야. 내가 원래 말수가 적어서 그렇지, 나까지 자기주장만 내세우는 고집쟁이였다면 번번이 싸움이 나고 말았을 거야.

재단반 고참들을 통해 얻는 정보도 있었어. 노동조합의 대의원도 있고 부서 간부도 있다 보니 현장 사람들은 잘 모르는 이야기도 많이 알고 있더라고. 그중에도 몇 번이나 하는 말이 구로공단에는 노동쟁의를 일으키려고 신분을 숨기고 취업해 암약하는 불순분자들이 수없이 깔려 있다는 거야.

신문과 방송에 자주 나오는 이야기라 나도 대충은 알고 있었지만 모르는 척하고 도대체 어떤 사람들이냐고 물어보니 신나서 말해주는 거야. 회사를 도산시킨다고 해서 도산이라고 불리는 도시산업선교회에서 교육받은 근로자들도 있고 대학교에 다니다가 온 이도 있다는 거야.

"작년부터 구로공단 여기저기서 벌어지고 있는 쟁의는 다 그 빨갱이들이 주동하는 거라고. 이러다가 공장 다 문 닫게 생겼어."

나는 궁금해졌어.

"그런데 우리 서광은 왜 이렇게 조용하지요?"

내 질문에 그들은 의기양양해서 떠들어.

"말도 말아. 서광에도 몇 년 전에 난리가 났었지. 식당에서 데모를 선동하는 애들을 우리가 붙잡아서 머리끄댕이를 잡고 운동장으로 질질 끌고 나가 내쫓아버렸잖아. 다섯 명이 안 나가겠다고 얼마나 발악을 하는지, 주먹으로 때리고 발길로 차도 기가 안 죽더라고. 지독한 것들!"

"사상이 그렇게 무서운 거라. 걔들 중에 한둘은 감옥까지 갔을걸?"

자세한 내막은 모르겠지만 힘없는 여자들에게 주먹질을 해대며 끌고 나간 이야기를 무슨 무용담이라고 신나서 떠드는데 한 대 갈기고 싶은 걸 애써 참아야 했어.

조·반장들의 결론은 빨갱이들은 씨를 말려야 한다는 거였어. 그런데 나는 그런 이야기를 들을 때마다 오히려 그 불순분자라는 사람들에게 호기심이 생기는 거야. 매 맞고 해고되고 감옥까지 가면서도 동료들의 근로조건을 개선하기 위해 싸우는 사람들이 빨갱이라면 빨갱이가 옳은 것 아닌가? 그렇게 자기를 희생하는 사람들을 칭찬은 못 할망정, 불순분자라며 외면하고 욕하는 사람들이 공존하는 곳이 우리 공장이야.

처음 쓰는 편지가 너무 지루하지? 연희와 나에 대한 이야기를 하고 싶었는데, 회사 이야기만 하다 말았네. 우리의 미래에 대해 아무것도 약속할 수 없는 현실이, 어깨에 짊어지기에 너무나 슬픈 이 현실이 나를 침묵하게 하네. 큰 공장에서 열심히 일해서 연희와 함께 살 전세방이라도 마련한 다음 부르겠다고 약속하고 떠나왔건만, 사장들은 자기 밑에서 일하는 사람들의 행복이나 미래에는 아무런 관심이 없다는 사실만 확인하고 있을 뿐이니.

사장들은 아무리 돈을 많이 벌어도 더 많이 벌려고 끝없이 사업을 확장할 뿐, 일하는 사람들이 어떻게 사는가는 관심이 없어. 기본적인 생활도 안 되는 돈으로 우리가 얼마나 비참하게 살고 있는가 들여다볼 생각도 하지 않아.

어쩌면 그 사람들은 우리가 더 가난하기를 원하는지도 몰라. 그래야 아무리 나쁜 조건이라도 순종하며 일할 테니까. 일하는 사람들이 가난해야 공부를 할 수 없고, 그래서 더 무식하고 더 멍청해져야 값싸게 마음 놓고 부려먹을 수 있을 테니까.

그래도 희망을 가져야겠지. 현실이 가혹할수록 더 많은 꿈을 가져야겠지. 우리의 사랑, 우리의 꿈을 위하여 희망을 잃지 말고 달려야겠지. 힘을 내자. 사랑해.

어느 청년 노동자의 삶과 죽음

보고 싶은 연희!

나는 지금 몹시 흥분하고 있어.

며칠 전 저녁에 재단반 사람들과 가리봉시장에서 순댓국에 소주를 마실 때였어. 노동조합 대의원이기도 한 재단사가 새로운 정보를 이야기해주는 거야.

"야, 우리 회사에도 빨갱이가 있잖아. 아주 골치 아프게 됐어."

지난번 편지에서 말했지? 구로공단에는 소위 불순분자라고 불리는 사람들이 많다고. 재단반 고참들은 그들을 빨갱이라 욕하지만 나는 만나보고 싶었다고. 그런데 우리 회사에도 그런 사람이 있다니, 부쩍 호기심이 일었어.

"그래요? 누군데요?"

대수롭지 않은 듯 물어보니 완성반의 라의형이라는 사람이래. 가끔 재단반에 놀러 오는 사람이라 나도 몇 번 인사는 나눈 적이 있어. 나이가 나보다 세 살 많으니 형이라 불러도 되는 이야. 이제부터 그냥 라 형이라고 쓸게.

"붙임성도 있고 사람 좋아 보이던데 왜요? 무슨 일이 있었어요?"

"그놈이 완성반 반장을 개망신시켰다잖아."

완성반 반장이라면 현장에서 모르는 이가 없는 꼴통이야. 배구선수 출신이라 키가 190이나 되는 거구인데 사소한 일에도 마구 욕을 퍼붓고 고함을 치다가도 갑자기 큰 소리로 웃고 떠들어 미친개라는 별명으로 더 유명하지. 노동조합 부위원장까지 맡고 있어서 완성반만 아니라 다른 현장까지 맘대로 돌아다니며 왕처럼 설치는데, 그 사람이 가는 곳마다 시끄러워. 몸이 아프거나 일이 있어 잔업을 빠지려면 먼저 노동조합의 허락을 받아야 하는데 순순히 들어주는 경우가 없거든. 정신상태가 글러먹었다느니, 그따위로 일하려면 당장 나가라느니 하며 반말로 모욕하고 수틀리면 때리기라도 할 듯 그 큰 주먹을 추켜올리며 욕을 퍼부으니 무서워서라도 감히 잔업에서 빼달라고 말을 못 하게 되지.

한번은 꼴사나운 모습도 보았어. 서광노조는 인원이 많은 부평공장에 본조가 있고 우리 구로공장에는 지부가 있기 때문에 노조위원장은 부평사무실에 상근하고 구로지부에는 지부장이 상근하고 있어. 두 공장에 한 명씩 있는 부위원장은 상근은 하지 않고 현장 근무를 하고 있지. 어느 날은 부평공장의 노조위원장이 구로공장으로 시찰을 왔어. 마침 완성반장이 우리 재단반에 와서 이것저것 간섭하며 잘난 체를 하고 있을 때야. 위원장이 재단반에 들어오자 완성반장이 놀라서 달려가

더니 반갑다고 와락 끌어안고 난리야. 조합원에게는 왕처럼 설치던 반장이 웃고 떠들며 우리 현장은 잘 돌아가고 있다고 자랑하는 꼬라지가 정말 꼴불견이었어. 마치 커다란 개가 주인이 왔다고 반가워서 왈왈 짖어대며 매달리는 것 같았어. 입사 두 달밖에 안 된 내가 봐도 이러니 다른 사람들은 어떻겠어? 완성반장에 대한 말만 나오면 욕을 해댈 수밖에.

아, 다시 순댓국집으로 돌아갈게. 미친개 반장과 절친한 재단반 고참은 흥분해서 라 형을 욕하는 거야.

"엊그제 완성반의 젊은 놈 하나가 지각을 했기에 반장이 뭐라고 좀 야단을 쳤대. 그러자 이놈이 미쳤는지 왜 욕을 하냐고, 욕하지 마라며 소리치고 대들더래. 그동안 이런 일이 한 번도 없었잖아? 현장 전체가 얼음장 같은 분위기가 됐지. 어안이 벙벙해서 잠시 멍하니 서 있던 반장이 폭발해서 그놈을 작살내려고 달려갔대. 바로 그때 라의형 그 놈이 튀어나온 거야. 라가 놈이 우리 재단반에도 많이 놀러 왔잖아? 일도 열심히 하고 반장 말도 잘 듣던 놈이라 다들 좋아했지. 그런데 그놈이 이날 갑자기 돌변해서 왜 직공에게 욕을 하냐며 박박 대드는데 어이가 없더래. 사람들 다 보는 앞에서 두들겨 팰 수도 없고, 물러날 수밖에 없었다는 거야."

미친개가 개망신을 당한 거지. 완성반장이 씩씩대며 나가버린 후, 라 형은 현장 사람들에게 이렇게 연설까지 했다는 거야.

"여러분! 잔업을 하기 힘들면 안 해도 됩니다. 반장이 여러분들에게 욕을 하면 욕하지 마라고 당당히 이야기하세요. 욕하면 같이 대들고 싸우세요. 저 사람은 노동조합 부위원장입니다. 깡패 같은 저 사람은 우리를 대변하고 도와줘야 할 사람입니다."

이 일로 놀란 회사에서 급히 뒷조사를 해보니 라 형은 대학 출신이더래. 학력을 고졸로 속이고 입사한 거지. 고참 재단사들은 흥분해서 욕했어.

"그런 놈은 당장 해고시켜야지!"

대의원은 고개를 저었어.

"해고시키면 더 골치 아프지. 요즘 다른 회사에서 해고된 애들이 무슨 단체를 만들어가지고 수십 명씩 몰려다니며 데모를 하고 있잖아. 이 놈을 함부로 해고시켰다가 서광 제품 불매운동이라도 하면 어떻게 해? 노무과장이 같은 학교 선배인가 봐. 자기가 설득해볼 테니 좀 더 지켜보자고 했대."

고참들 말을 듣고 있으려니 그동안 라 형이 한 행동이 이해가 되었어. 완성반 사람이 재단반에 올 일이 없는데 툭하면 찾아와서 이 사람, 저 사람에게 말을 걸고 신입인 내게도 만날 때마다 악수를 청하며 친근하게 구는 것이 다 이유가 있었구나 깨달았지.

놀라운 것은 노조 대의원이 라 형의 자취방까지 알고 있다는 사실이야. 허긴 많은 현장 사람들이 드나드는 라 형의 방은 비밀도 아니었겠지. 물어보니 재단반 사람들과 술을 마시고 있던 식당 바로 옆의 골목이었어.

이때부터 내 가슴속에는 조바심과 갈등이 들끓었어. 빨갱이들 때문에 한국 경제는 완전히 무너질 거라느니, 빨갱이는 다 모아서 씨를 말

어느 청년 노동자의 삶과 죽음　　　　　　　　　　　　　　　　119

려 죽여야 한다느니 따위의 험악한 소리를 귓전으로 흘려들으며, 내가 할 일은 무엇인가를 고민했어. 좋아하지도 않는 소주를 몇 잔이나 연거푸 마시노라니 지난 8년간의 지긋지긋한 노동자 생활이 슬픈 영화의 장면들처럼 스쳐 가는 거야.

한창 중학교 운동장에서 축구나 하며 놀아야 할 나이에 처음 취직한 빵집에서 철야로 단팥빵을 만들며 졸다가 얻어맞은 기억들, 대구 양말공장에서 일 못한다고 따귀를 맞고 분해서 혼자 울던 기억, 평화시장 봉제공장에 처음 들어가서 재단사에게 매일 얻어맞던 기억들이 역류하듯 밀려와 내 가슴을 때리는 거야. 여자 중에서도 유난히 작고 어린 동생 옥현과 연희가 창백한 얼굴로 무표정하게 미싱을 돌리고 있는 가련한 모습이 떠오르는 거야.

밤이 깊어져 술자리가 파하고 다른 사람들은 각자 집으로 돌아갔어. 나는 사람들이 사라질 때까지 배웅하며 서 있었어. 그러고는 혼자서 라 형의 자취방을 찾아갔지. 술에 취해 단칸방 문을 두드리니 라 형이 문을 여는데 어리둥절 놀라는 표정이었어.

"형, 이야기 좀 하러 왔어요."

내 말에 라 형은 고개를 내밀어 내 등 뒤에 누가 있나부터 살피는 거야.

"너 재단반에서 본 친구인데?"

"맞아요. 재단반 김종수."

"근데 내 방을 어떻게 알고 찾아왔어?"

의심하는 기색이 역력했어. 나하고 친하지도 않고 방을 가르쳐준 적도 없는데 한밤중에 불쑥 찾아오니 놀란 거야. 자기를 해치려고 회사에서 보낸 걸로 생각한 거지. 내가 들어가도 되냐고 물어보아도 비켜주지 않고 문 앞에 선 채 물어보더라.

"여긴 왜 온 거야? 이유부터 말해봐."

"난 아무리 봐도 형이 빨갱이 같지 않은데 조장, 반장들은 형을 빨갱이라고 해요. 내가 보기에는 형 말이 다 옳거든요? 오늘 회사 사람들하고 술 마시다가 형 얘기가 나왔어요. 형이 어디 사는지도 가르쳐주더라고요."

라 형은 그제야 조금 의심을 푸는 것 같았어.

"그래? 일단 들어와서 이야기하자."

방에 들어간 나는 술에 취해 횡설수설했어. 평화시장에서 고생한 이야기도 하고 겉만 번지르르한 서광의 현실에 대해서도 말했어. 세상이 이래서는 안 된다고 했지. 약자들의 희생 위에 돌아가는 이 사회를 고쳐야 한다고 말했어.

"형, 세상이 잘못됐어요. 못 배우고 돈 없는 사람은 아무리 노력해도 잘 살 수가 없어요. 이 몹쓸 세상을 바꾸지 않으면 영영 이렇게 살아야 해요. 형, 세상을 바꾸는 일에 저도 함께하고 싶어요."

결코 그냥 스쳐 지나가는 객기가 아니었어. 지난 8년간 사회 맨 밑바닥에서 학대받고 멸시받으며, 좌절하고 분노하며 스스로 깨달은 이 사회의 부조리에 대한 분노였어. 나 자신의 문제에서 출발해서 동생들의 문제, 노동자 전체의 문제로 넓어진 깨우침이었어. 삶이란 무엇인가에 대한 고민, 그 기나긴 방황의 결과였어.

나를 바라보는 라 형의 표정은 점점 밝아졌어. 마치 뜻밖의 보석

을 발견한 사람처럼 눈빛도 점점 빛나는 것 같았어. 꽤나 성격이 조급
한 사람인데도 끝까지 내 말을 들어주고는 헤어질 때 책 한 권을 건네
왔어.

『전태일평전』.

나는 전태일이 누군지 몰랐어. 그런데도 '어느 청년 노동자의 삶과
죽음'이라는 부제가 마음을 끌었어. 어려서부터 독서를 좋아해 많은
책을 읽었지만, 이토록 강력하게 나를 끌어당긴 제목은 처음이었어. 그
래서 펼칠 수가 없었어. 너무 늦은 시간이고 피곤하기도 했지만, 왠지
무서웠던 거야.

다음 날 퇴근하고서야 용기를 내어 책을 펼쳤지. 한번 읽기 시작하니

완성반 라의형과 함께

덮을 수가 없었어. 종성 형이 자야 하니 전등을 끄라고 해서 가게로 나가서 계속 읽었어. 그런데 자꾸만 책을 덮어야 했어. 눈물이 쏟아져서 글씨가 보이지 않았기 때문이야.

전태일 이야기는 바로 우리 가족의 이야기였어.

전태일 열사의 아버지는 한때 제법 돈을 벌지만 가진 것은 없는데 꿈은 크다 보니 좌절을 거듭하다가 끝내는 술을 못 이겨 무기력해지고 말지. 대신 어머니가 자식들을 먹여 살리려 혼신을 다하지만, 아이들은 학교도 제대로 못 다니고 어린 나이에 거리와 공장으로 떠나야만 했지. 우리 아버지가 일했던 부산의 하얄리아부대는 바로 전태일의 아버지가 일했던 곳이었어. 옥현이와 내가 일한 평화시장은 바로 전태일과 동생들이 일했던 곳이었어.

꿈만큼 인정이 많았던 아버지에게 배운 내가 나보다 약한 이들을 도우려 애썼다면, 전태일은 나보다 20년 전에 나보다 훨씬 많은 것을 약자들에게 베풀었던 사람이야. 아니 자신의 모든 것을 주고 간 사람이야.

책을 다 읽은 저녁, 나는 다시 라 형의 자취방에 찾아갔어. 그리고 한없이 울었어. 책을 읽을 때는 눈물만 났는데, 내 마음을 이야기할 때는 울음이 터져 나와 참을 수가 없었어. 나는 울며 말했어.

"형, 전태일 열사의 이야기는 우리 가족 이야기예요. 우리 아버지, 우리 어머니 이야기고 내 여동생들 이야기예요. 우리 가족이 바로 이렇게 살았어요. 그런데 전태일 열사가 죽고도 20년이 지났지만 우리 노동자의 삶은 하나도 변하지 않았어요. 세상이 잘못됐어요. 못 배우고 돈 없는 사람은 아무리 노력해도 사람답게 살 수가 없어요. 가난보다 더 참을 수 없는 건 인간 이하의 차별 대우예요. 이 세상을 바꾸지 않으면 우리는 영영 이렇게 살아야 해요. 형, 세상을 바꿔야 해요. 이놈의 세상을 뒤집어야 해요."

어려서부터 사람들은 나를 '예쁘장한 종수'라고 불렀어. 공장 일을 하고부터는 '말 없는 종수'라고 불렀지. 연희와 일할 때도 내 별명은 '말 없는 재단사'였잖아. 감정 표현에 서툰 내가 누군가 보는 앞에서 그렇게 많은 눈물을 흘린 적은 처음이었어.

라 형이 특별한 사람이라는 뜻은 아니야. 특별한 사람은 라 형이 아니라 전태일이었어. 전태일 열사였어. 가난의 설움과 울분으로 굳게 닫혀 있던 내 가슴을 열어준 사람이 전태일 열사야. 하지만 전태일 열사도 나를 새롭게 태어나게 했다거나, 몰랐던 진실을 깨닫게 해준 건 아니야. 나는 이미 모든 것을 알고 있었지. 라 형 같은 대학 출신들은 책을 통해 현실을 배우는지 몰라도, 나는 나 자신의 삶을 통해 알고 있었어. 전태일 열사는 다만 내가 어디로 가야 할 것인가를 가르쳐준 거야.

평화시장 노동자들을 위해 싸우던 전태일 열사는 끝내 스스로 몸에 기름을 붓고 불을 붙여 죽어가며 말했어.

"내 죽음을 헛되이 말라."

이 말은 대통령에게 한 말도, 평화시장 사장들에게 한 말도 아니야. 돈과 권력을 쥔 사람들이 자기의 죽음을 보며 반성하라고 호소한 게 아니야. 그런 일은 결코 일어나지 않음을, 전태일 열사는 잘 알고 있었을 거야. 그의 유언은 이 사회의 기득권자들을 향한 게 아니라, 함께 투쟁하던 친구들과 평화시장 모든 노동자들에게 한 절규였어. 나아가 1000만 노동자들에게 한 말이었어. 바로 나에게 한 말이었어.

라 형은 한참이나 울고 난 나를 위로하고 가리봉시장 순댓국집으로 데려갔어. 나는 무엇을 해야 할 것인가는 결심했지만 궁금한 게 많았어. 막걸리 잔을 기울이며 묻고 또 물었어.

"왜 노동자는 일을 열심히 해도 가난한 거죠?"

"왜 노동법이 있는데 지켜지지 않나요?"

"같은 노동자인데 노동자를 탄압하는 사람들은 왜 그런 거죠?"

"어떤 세상이 되어야 노동자가 어깨를 펴고 살 수 있을까요?"

라 형은 내가 품고 있던 의문들에 하나씩 답해주었어. 하지만 답은 이미 내 머릿속에 들어 있었는지 몰라. 먼저 질문을 던지기는 했지만, 라 형이 해주는 대답들이 너무 쉽게 이해가 되었거든. 한 마디도 이해되지 않는 부분이 없었어. 내 생애의 거의 전부라고 할 수 있는 노동자 생활 속에 모든 해답이 들어 있던 거야. 라 형은 다만 이를 말로 정리해준 거지.

보고 싶은 연희!

나는 새로운 사람이 된 것이 아니라, 한 발 더 앞으로 나간 거야.

지금까지 내가 살아온 길이 어두운 진흙탕 길이었다면, 앞으로 다가올 나의 길은 더욱 험난한 가시밭길이 되겠지. 그러나 누구도 인도하지 않은, 나 스스로 선택한 길이기에, 어쩌다 보니 떠밀려간 게 아니라 오래전부터 준비해온 길이기에, 어떤 곤란이 닥치더라도 꿋꿋하게 걸어갈 거야. 사랑하는 사람들이 있기에 더욱 흔들리지 않고 든든한 마음으로 걸어갈 거야.

지난번에 보낸 편지는 잘 받아보았는지? 회사로 전화했더니 재단사인지 뭔지 모를 낯선 남자가 받아서 연희란 미싱사는 없다고 하던데 궁금해지네. 편지 쓸 시간도 없겠지만, 이 편지 받으면 몇 마디라도 좋으니 답장 좀 해줘.

잘 자, 내 사랑.

내가 선택한 길

내 사랑 연희!

기다리고 기다리던 연희의 답장을 받았어.

지물포에 배달된 신문이며 청구서들 사이로 빼꼼히 삐져나온 연희의 손 글씨를 본 순간, 얼마나 반갑고 가슴이 뛰었는지 몰라. 섬유 먼지 자욱한 공장의 파리한 형광등 불빛 아래 우리가 처음 만난 순간 같았어.

내가 새로 들어온 재단 보조라고 인사를 하니 미싱을 돌리던 연희는 희다 못해 창백한 얼굴로 나를 올려다보며 조용히 눈웃음으로만 인사를 했지. 그 맑고 큰 눈이 얼마나 빛나 보이던지, 갑자기 주변이 흐릿해지고 연희의 두 눈동자만 반짝이는 것 같았어. 연희도 같은 마음이었을까? 우리는 몇 초 동안이나 마주친 눈을 떼지 못했지.

명절에 고향에 내려가 동창들이 모인 식당 같은 데 들어가면 친구들이 말하곤 했어. 내 얼굴에서 빛이 나는 것 같다고, 그래서 마치 빛이 걸어 들어오는 것 같다고. 그건 사실 내게 과분한 이야기였어. 나는 연희를 보면서 난생처음으로 사람이 빛을 낼 수 있다는 사실을 알았어.

마치 그날처럼, 연희의 편지가 나를 기다리고 있었어. 가늘게 손까지 떨며 열어본 연희의 편지 속에는 사랑과 그리움, 그리고 내가 가려는 새로운 길에 대한 근심이 가득했어. 단어 하나, 문장 하나에 연희의 애틋한 마음이 녹아 있었어.

연희의 걱정은 충분히 이해해. 연희만이 아니라 나의 부모님, 형제들, 친구들까지도 요즘 내 모습을 보면 깜짝 놀라서 말리려고 할 거야.

함께 사는 형부터 그래. 형은 어려서부터 동생들을 힘으로 억압하거나 통제하는 성격이 아니라 뭘 하든 믿고 밀어주는 편이야. 정치적으로도 타고난 야당이지. 그런데도 내가『전태일평전』이나『노동법 해설』같은 책을 읽고 있으면 은근히 걱정되는지 야단은 치지 못하고 부정적인 말을 툭툭 던지곤 해. 그런 일에 앞장 서봐야 너만 다친다는 거지.

나는 연희나 형의 마음을 잘 이해하기에 반박할 생각은 없어. 지금도 전국에서 벌어지고 노동운동에 대한 온갖 폭력 사태와 잇단 구속을 잘 알면서도 내게는 아무 일 없을 테니 걱정하지 마라고 거짓말로 위로할 생각도 없어.

다만, 나의 결단에 대해 잘못 알지는 말았으면 해. 중학교도 졸업하지 못해 아무것도 모르는 내가 누군가의 꼬임에 넘어갔다는 식의 오해만은 하지 마라는 거야.

지혜란 무엇일까? 지식과는 다른 게 분명하지. 지식이란 남에게 배운 정보에 불과해. 집안 형편이 좋아서 더 많이 배울 기회가 있을 수도 있고 기억력이 좋아서 더 많이 외울 수도 있겠지. 그러나 기억력이 지능의 전부도 아니고, 지혜와는 더욱 달라. 기억력 덕분에 지식은 많아질 수 있어도 지능이 높다고 말할 수도 없고, 지혜가 많다고 말할 수도 없어. 더구나 지식이 많아진다고 인간성이 좋아지는 것도 아니야. 가정 형편 때문에 지능이 뛰어난데도 진학 못 한 사람들이 얼마든지 있고, 수학이나 과학을 못해서 좋은 학교 못 다녀도 인문학적으로 탁월한 재능을 가지고 있는 사람이 얼마든지 있어.

나는 라 형에게 어느 대학교에 다녔냐고 물어본 적도 없고, 라 형도 말한 적 없어. 근로조건 개선을 위해 싸우는 일과 대학 학력은 아무 상관이 없으니까. 노조를 탄압하는 회사 관리자들이야말로 전부 일류 대학을 나온 것만 봐도 알 수 있잖아.

라 형은 그동안 서광 안에서 비밀스럽게 어용노조를 민주화하기 위해 활동해온 사람들을 내게 소개해주었어. '노조민주화추진위원회'를 줄여 '노민추'라고 부르는 모임인데, 구성원은 전부 여성들이야. 노민추 회원 중 대학에 다닌 사람은 라 형 한 명뿐이야. 하지만 학력이 낮다고 해서 우리가 라 형의 일방적인 지도를 받는 건 아니야. 오히려 현장 노동자들의 심리를 잘 모르면서 마음만 앞서는 라 형의 성급한 언행을 자주 지적해주는 편이야. 라 형의 주된 역할은 우리가 몰랐던 노동법 같은 지식을 먼저 공부해서 알려주는 것일 뿐, 중요한 결정은 다 같이하고 있어.

오히려 라 형이 우리에게 어떻게 하면 좋을지 많이 묻는 편이야. 책을 통해 노동자의 현실을 배우고, 책을 통해 세상을 바꿔야 한다고 결심하고 현장에 들어온 라 형의 사고는 책 안에 갇혀 있는 부분이 많거든. 노민추 회원들은 그의 관념적인 사고를 지적하며 놀려먹기도 하고 타박하기도 하지. 현장 노동자의 마음은 진짜 노동자들이 잘 알고 있기 때문이야.

그래도 라 형은 소탈하고도 겸손한 사람이라서 좋아. 내게 말한 적이 있어.

"종수야, 나는 정말로 종수에게 많이 배운다. 종수만이 아니라 우리 노민추 사람들에게 많이 배우고 있어. 처음 공장에 들어올 때는 내가 노동자를 가르치고 이끌어야 한다고 생각했던 게 사실인데 이젠 아니야. 내가 오히려 많이 배운다. 특히 종수 너를 보며 배워."

노민추 회원 중에도 라 형은 좋은 학력을 가졌으니 언젠가는 공장을 떠나 편하고 돈 많이 버는 일자리를 찾아가거나 정치권에 진출할 거라며 불신하는 이도 있어. 그럴 수도 있겠지. 그렇지만 있는 동안이라도 우리를 돕겠다면 고마울 뿐이야. 왜 지식인들이 평생 우리와 같이 우리 일을 해줘야 한다고 생각해? 그거야말로 비주체적이고 의존적인 생각 아닌가? 나는 그 누구든 우리를 돕겠다면 고맙게 생각할 거야. 애초부터 내가 믿는 것은 지식인이 아니라 우리 노동자 자신이니까.

재단반 고참들의 말대로 학생 출신들에게 포섭되어 노동운동을 하는 이도 있을 거야. 그러나 어떤 경우든 최종 선택은 본인의 몫이야. 노동자라고 해서 다 투쟁적인 건 아니거든.

노민추 회원들이 현장 동료들마다 붙잡고 어용노조에게 우리의 권리를 맡길 수는 없으니 싸워서 바꾸자고 설득을 해도 흔쾌히 동의하는 경우는 거의 없어. 자기 마음속에 저항의 불씨를 담고 있는 사람들, 나아가 용기가 있는 노동자만이 함께하게 되더라.

지난번 편지에서 강조했듯이, 나는 누가 설득하기도 전에 스스로 이 일에 뛰어든 경우야. 내게 이 세상을 바꿔야 한다고 말해준 사람은 아무도 없었어. 연희가 잘 알듯이, 내가 먼저 친구들에게 말했지. 이 더러운 세상 가만두면 안 된다고, 싸워서 바꿔야 한다고. 그러다가 만난 이가 라 형일 뿐이야. 라 형이 나를 찾아온 게 아니라 내가 라 형을 찾아갔다는 사실을 잊으면 안 돼.

연희가 나를 사랑해서 걱정해주는 건 이해하지만, 내가 아무런 생각도 없다가 지식인의 꼬임에 넘어갔다거나 그들의 조종을 받고 있다고 오해하는 일은 없기를 바라. 그것은 나에 대한 모독일 뿐 아니라, 현재 노동운동을 하고 있는 수많은 노동자를 모독하는 일이야.

노민추 여성 회원들은 모두 봉제반 미싱사들이야. 나이는 나하고 비슷하거나 많은데, 하나같이 자기 주관이 뚜렷하니 대찬 성격에 말도 잘하고 조직도 잘하는 여성들이야. 우리 회원들만 봐도 누가 시킨다고 할 사람들이 아니란 걸 금방 알 수 있어.

중요한 점은 이 모임이 라 형이나 내가 들어가기 전부터 스스로 활동하고 있었다는 사실이야.

지금부터 4년 전인 1985년 6월 구로공단에서 6개 공장의 민주노조가 연대해 동맹파업을 일으켰는데 서광에도 이에 동조하는 노동자들이 있었어. 그러나 서광은 어용노조라서 전면적인 파업은 벌이지 못한 채 농성을 시도하다가 5명이 해고되면서 끝났지. 함께 일하던 이들이 식당에서 조·반장들에게 머리채가 잡힌 채 운동장을 가로질러 비참하게 끌려 나가는 광경은 서광 노동자들에게 큰 충격과 패배감을 안겨주었어.

당시 해고된 노동자 중에 대학 출신은 두 명이었는데 현장에 조직 기반이 없어서 이후로는 서광과는 연계가 없어졌대. 하지만 서광의 불꽃이 꺼진 건 아냐. 영등포 도시산업선교회나 노동야학 같은 곳을 통해 의식이 깨어 있던 미싱사가 여럿 있었거든. 바로 지금의 노민추 회원들이지.

동맹파업의 충격이 쉽게 극복되지는 않았대. 서광에는 입사한 지 오래된 미싱사 누나를 중심으로 내 또래의 미싱사 여럿이 뜻을 함께했는데 공개적으로 활동하기는 쉽지 않았대. 정보과 형사들이 회사 안을 자기 집처럼 드나들며 동향을 감시하고 회사에서는 불량배들을 고용해 현장에 공포 분위기를 조성했으니까.

조금씩 분위기가 살아난 것은 작년이야. 6월에 민주화 시위가 터지자 서광의 소모임 활동가들도 주변 노동자들을 데리고 시내로 나가 최루탄 가스를 맡아가며 싸웠어. 곧이어 터진 7·8월노동자대투쟁도 구로공단의 분위기를 바꿔나갔지.

요즘 노민추에서 우리 한국의 노동운동사를 공부하며 내가 수첩에 적어놓은 걸 보면, 그해 여름에 서울 남부지역에서 729건이나 파업이 일어났대. 구로공단은 중소기업 규모 사업장이 대부분이라 수만 명의 조합원을 가진 울산의 대공장들만큼 파급효과가 크지 않았어도 분위기는 한결 나아졌지.

이때 구로공단의 저항운동을 선도한 조직은 '서울지역해고자 복직투쟁위원회'였대. 재단반 고참들이 말했던, 해고자들이 수십 명씩 몰려다니며 데모한다는 바로 그 조직이야. 줄여서 '서해복투'라고 불리던 이 모임은 1987년 7월 19일 영등포 도시산업선교회에서 결성되었는데 영등포와 구로구의 42개 공장에서 해고된 200여 명이 참여했대.

이야기를 들어보니 서해복투는 정말로 대단한 투사들의 조직이었더라. 영등포 성문밖교회에서 단체로 먹고 자면서 보통 사람들은 근처에 가기도 두려워하는 경찰서를 두 군데나 점거해 노동운동에 대한 탄압을 규탄하며 농성을 한 사람들이야. 남부경찰서와 영등포경찰서를 점거해 농성했는데 영등포경찰서에서는 유리창에 매달려 투신으로 위협하며 2박 3일을 버텼다고 그래. 시위 중에 노동자 두 명이 경찰의 군홧발에 밟혀서 뼈가 부러진 데 대한 항의였어. 노동자들은 상당한 치료비를 받아내고서야 농성을 풀었대.

서해복투는 노동법 개정을 요구하며 야당인 민주당사를 점거해 농성하기도 하고, 집권 민정당사 지역사무실을 점거해 농성을 벌이기도 했어. 창원의 통일중공업 해고자들과 구로공단 해고자들이 주도한 민정당 사무실 농성은 신문에도 크게 나서 나도 어렴풋이 기억이 나. 10여 명의 서해복투 회원들이 전투경찰의 삼엄한 경계를 뚫고 들어가 창틀에 매달려 농성을 하다가 끌려가서 여러 명이 구속되었지.

지난번 노민추 모임에서 공부하며 내 수첩에 베껴놓은 서해복투 결성선언문을 일부만 옮겨볼게.

"우리가 돌아갈 곳은 8시간 노동제와 노동자의 파업, 집회, 시위, 언론, 조직 결성, 정치사상의 자유가 완전하게 보장되는 우리의 공장이다. 이럴 때에만 노동자와 민중의 의사와는 아무 관계 없이 만들어진 취업 규칙, 블랙리스트, 집시법, 국가보안법, 그 밖에 우리를 해고시켰던 군사독재의 차디찬 사슬을 우리의 힘으로써 박살내버릴 것이다. 나아가 우리의 완전한 권리와 자유는 바로 민중의 힘으로 군사독재를 타도하고 조국의 자주화를 이룰 때에만 확실하게 보증받을 수 있다."

　서해복투 회원들은 영등포와 구로공단은 물론, 강북의 성수공단까지 서울 전역에서 벌어지는 파업 현장에 몰려다니며 경찰, 구사대와 치열하게 맞서 싸웠어. 농성을 진압하려는 경찰과 구사대를 상대로 몸싸움을 벌이고 각목 투쟁까지 벌였어. 6월항쟁으로 사회 분위기가 바뀐 탓도 있지만, 서해복투가 워낙 강하게 나가니까 경찰이 함부로 현장에 진입하지 못했다고 하더라.

　경찰과 회사를 질리게 만든 또 다른 조직은 구로1공단에 있는 대한광학 노동조합이야. 지금도 마찬가지인데, 대한광학 남성 노동자들의 전투적인 투쟁은 구로공단의 분위기를 바꾸는 데 일조하고 있어. 방위산업체라서 군대 대신 병역특례로 일하는 젊은 남성 노동자들로 이뤄진 대한광학에 민주노조가 세워지면서 구로공단의 규찰대 역할을 하게 된 거야. 지금도 어느 공장에 파업이 벌어졌다면 대한광학이 지원 투쟁을 나왔나, 안 나왔나에 따라 그날의 투쟁 분위기가 결정된다고 할 정도야. 서해복투가 서울 전역을 휩쓸고 있다면 대한광학은 구로공단의 규찰대인 거지.

우리 서광의 활동가들도 작년 가을부터 본격적으로 활동을 시작했어. 지금은 노민추라고 부르지만 그때까지는 모임의 이름이 없었는데라 형도 그때부터 가담했다더라.

서광의 노조민주화는 다른 공장들보다 더 까다로워. 노동조합 본조가 우리 구로공장에만 있어도 좋은데 부평공장에 본부가 있고 우리는 지부라서 어려운 싸움인 거야. 부평공장 노동자들까지 우리 편을 만들어야 노조가 민주화되는 건데 구로지부 조직화에도 벅찬 우리가 인천까지 오갈 수는 없거든. 우선 구로지부 민주화에 초점을 맞추기로 했지.

소모임 회원들은 일이 일찍 끝난 저녁이면 회사 쪽 사람들의 눈에 안 띄게 시내버스를 타고 창신동에 있는 전태일기념관을 찾아가서 공부도 하고 토론도 했어. 전태일기념관이 연희와 내가 수없이 돌아다닌 창신시장 뒷골목에 있다는 사실을 이번에야 알았네. 시장을 통과하면 창신교회가 나오는데 바로 그 앞 골목 안쪽에 있는 자그마한 기와집이래. 노동자라면 누구나 자유롭게 이용할 수 있는 곳이라 서광 노동자들은 그곳에서 노동운동에 관련된 공부를 하거나 회사 내의 활동에 관해 밤을 새워 토론하고 아침에 곧바로 출근했대.

본격적으로 현장 내 투쟁을 일으키기 시작한 것은 내가 입사한 무렵인 올해 1988년 여름부터야. 야간 잔업 거부하기, 가고 싶을 때 화장실 가기처럼 사소한 반항이 하나둘씩 일어나면서 봉제반의 분위기를 바꿔나갔어. 완성반에서 라 형이 미친개 반장을 망신 준 것도 그중 한 사건이었던 거야.

현장의 분위기가 바뀌어가면서 자신감을 얻은 소모임 활동가들은 마침내 노민추를 결성했어. 그리고 그 직후에 내가 라 형을 찾아가 가담한 거지.

노민추는 현장에서 이길 수 있는 작은 싸움을 일으켜 노동자들에게 자신감을 불어넣는 한편으로, 매주 한두 번씩 학습 모임을 하고 있어. 앞으로 어용노조를 탄핵하고 민주노조를 운영하려면 근로기준법과 노동조합법을 알아야 했거든. 또한 자본주의사회의 본질적인 모순과 이를 극복하기 위한 투쟁의 역사도 알아야 하거든.

공부 장소가 문제였어. 노조 사무실을 쓸 수 없기 때문에 우리는 주로 일요일에 지물포 방을 이용했지. 종성이 형은 내가 이상한 책들을 본다고 은근히 걱정하더니 막상 사람들을 데리고 오니까 싫은 소리 하나 않고 오히려 음료수와 빵을 사주고 자기는 몇 시간씩 밖에 나가 시간을 보내다가 오더라. 고맙지 뭐야.

노동자를 위한 공부라는 것, 그것은 정말 새로운 경험이었어. 지금까지 알고 있던 공부와는 전혀 다른, 내게 새로운 세상을 열어주는, 새로운 세상으로 나가는 문이었어.

연희는 내가 얼마나 공부를 하고 싶었는지 잘 알지? 그러나 지금까지 내가 배우려던 것은 진짜 나를 위한 공부가 아니었어. 인간에게 필요한 모든 것을 생산해내는 노동자를 멸시하고 천대하는 직위로 올라서기 위한, 출세를 위한 공부였어.

학교에서도 자유와 평등을 가르치고 노동은 신성하다고 말하지. 그러나 그런 지식조차도 출세의 순위를 매기기 위한 점수로 환산될 뿐이야. 그런 책을 쓰는 사람들이나 그걸 가르치는 교사들이나 자신들이 거짓말을 하고 있다는 걸 잘 알 거야. 인간 불평등이야말로 자본주의 사회를 지탱하는 기본이라는 걸, 누군가는 힘든 노동을 해야 하고 누군가는 그들을 지배해야 이 사회가 유지될 수 있다는 걸, 그들은 잘 알고 있을 거야. 그들은 육체노동은 신성하다고 가르치면서 자기 자식에게는 육체노동을 시키지 않으려고 매를 때려가며 공부시키고 비싼 과외 수업이니 해외 유학을 보내는 위선자일 뿐이야.

노동자들도 잘 알고 있어. 육체노동은 신성하다는 그들의 말이 실은 노동자를 모욕하는 말에 불과하다는 것을, 가진 자들의 기만이라는 것을. 그래서 자신을 부끄럽게 여기고, 자식들만은 따뜻한 사무실에서 일하게 하려고 더욱 땀 흘려 일하지.

노동자를 위한 공부는 달랐어. 인간의 역사를 노동자의 입장으로 재해석해 진정으로 육체노동에 대한 열등감을 버리고 긍지와 자부심을 갖도록 해주는 공부야. 열심히 일한 대가를 제대로 받기 위해 무엇을 할 것인가를 배우는 실용적인 공부야. 노동자들이 어떻게 자신의 권리를 찾을 것인지, 어떻게 싸워왔는지를 가르쳐주는 공부야. 진정으로 현실에 필요한, 나를 위한 공부야.

노동자를 위한 공부, 그것은 먹구름에 덮인 듯 어두웠던 세상을 밝히고 닫혀 있던 내 눈을 뜨게 해준 경이로운 충격이야. 이제 막 시작하고 있지만, 앞으로 나의 인생을 바꾸고 세계를 보는 눈을 바꿔줄 거야. 공부가 이렇게 행복한 줄은 이번에 처음 경험해보네. 프랑스 같은 나라에서는 중등학교 때부터 학교에서 정규과목으로 노동법과 노동조합에 대해 가르친다는 말도 힘이 되고 있어.

아, 이 많은 이야기를 짧은 글로 어떻게 다 말해줄 수 있을까? 연희가 우리 회사에서 함께 일한다면 얼마나 좋을까?

오늘은 여기까지만 얘기할게. 지금 우리는 비참한 신세지만, 우리 노동자가 힘을 모아 세상을 바꾸어나간다면 연희와 나, 아니 우리의 아이들은 한결 나은 삶을 누릴 수 있을 거야. 그날을 향해 열심히 일하고, 열심히 싸울 거야.

잘 자, 내 사랑.

우리들의 이름은 노동자라오

연희, 오늘은 한 편의 시부터 들려줄게. 제목은 '우리들의 이름은 노동자라오'야.

즐거움도 서러움도 느낄 줄 알며
옳은 일 그른 일 가릴 줄 아는
우리들은 생각하는 노동자라오

당신의 가구도 당신의 의복도 우리들의 피땀이 서렸다오
그래서 보람에 한껏 부풀은 뿌듯한 가슴을 안고
부지런히 일하는 우리들의 이름은 노동자라오

쌀 걱정, 연탄 걱정에

엄마 이마에 주름 늘어나고

줄어드는 살림에 때로는 눈물도 나지만,

웃고 웃고 또 웃는 우리들은 웃는 노동자라오

꼭 잡은 손마다 정이 흐르고

마주 보며 짓는 미소 사람이 있기에

갈 길이 험해도 막막해도 걱정 하나 없다는

우리들은 사랑이 넘실대는 예쁜 가슴을 가진 노동자라오

형제여 우리들의 형제여

어서, 어서 와요

엄마도 아빠도 웃게시리 부자를 부러워 말고

하나둘 배워서 우리들을 가꾸어요

우리들은 이 땅의 자랑스러운 노동자라오

우리들의 이름은 노동자라오

　영등포의 어느 노동조합 신문에 실린, 금속공장에서 일하는 최한철이라는 노동자가 쓴 시야. 시라기보다는 이야기에 가까운 소박한 글인데 마음에 닿는 글귀가 많아서 옮겨보았어.

　직업이 사장이든 대학교수든, 많이 배우고, 많이 가진 사람들은 노동자라는 존재를 아무 생각도 없이 시키는 대로 일만 하는 열등한 존재로 생각해. 아니, 그러기를 바라. 그래서 사장들은 노동자가 회사 일에 대해서나 자기 자신의 처지에 대해 말을 하는 걸 부담스러워하고 짜증스러워하지. 입 닥치고 시키는 일만 하는 존재이기를 원하는 거야.

공장 어디서나 흔히 볼 수 있는 평범하고 선량한 노동자 최 씨는 그래서 말하고 싶은 거야. 우리 노동자도 생각하고, 사랑하고, 웃고 우는 인간이라는 것을 말이야. 시에 나오는 대로 예쁘게 웃으며 말하지만, 사실은 절규하고 있는 거지. 목이 찢어지도록, 가슴이 터지도록 외치고 있는 거야. 자신을 인간으로 대해달라고!

노동자들의 저항이 거세지면서 구속자도 계속 늘어나고 있어. 그런데 경찰은 노동자를 잡아 수사할 때마다 노조에서 만든 신문이나 투쟁선언문을 누가 썼는가를 중점적으로 심문한대. 무식한 노동자가 이렇게 글을 잘 쓸 수는 없으니 분명히 학생 출신들이 써주었을 거라고 추측하는 거지.

우리 노민추 회원들은 요즘에는 주로 가리봉동에 있는 '전태일을 따르는 구로노동상담소'에 드나들고 있어. 지물포 골목 바로 뒤에 있는 크지 않은 사무실인데, 특정한 강사가 지도를 한다기보다, 현장 활동가들이 모여 각자 자기 공장의 투쟁 현황을 발표하고 다른 사람의 의견을 들어보는 일종의 토론회야. 토론회 때마다 여러 공장에서 온 수십 명의 노동자들이 모여들어 비집고 앉을 틈도 없어.

한번은 영등포의 한 공장에서 임시직으로 일하며 노조 결성을 추진해온 중학교 학력의 여성 노동자가 체포되어 수사를 받으며 겪은 이야기를 발표하는데, 정말 인상적이어서 내 수첩에 다 적어놓았어.

여성 노동자가 자취방을 압수수색 당할 때 투쟁선언문을 뺏겼는데 선언문의 문장이 상당히 좋았나 봐. 경찰은 무식한 네가 썼을 리는 없고 누군가 대학 출신이 외부에서 배후 조종을 하며 대신 써준 게 틀림없다면서 누군지 이름을 대라고 몰아붙이더래.

본인이 썼다고 아무리 주장해도 경찰은 코웃음만 치더니 나중에는 선언문을 감춰버리고는 정 그러면 다시 한번 써보라 하더래. 경찰이 보는 앞에서 토씨 하나 안 틀리고 선언문을 그대로 써보였대. 이 사회가 얼마나 노동자를 우습게 여기는가를 통쾌하게 비웃어준 거지.

거기서 끝난 게 아니야. 경찰은 일단 본인이 쓴 건 인정해주었지만, 선언문 문구 중에 노동해방이라는 단어에 주목하고 계속 추궁을 하더래. 노동해방이 무슨 뜻인 줄이나 알고 썼느냐는 거지. 노동해방이란 사회주의 혁명을 일으켜 자유민주주의 체제를 무너뜨리자는 빨갱이들의 구호라면서 누구에게 교육을 받았냐고 몰아대더래. 그래서 이렇게 답했대.

"헌법과 노동법에 나오는 대로 노동삼권 보장하고 나쁜 조항은 고치라는 게 빨갱이라면, 법을 만들고 고치는 국회의원들도 다 빨갱이인가요? 우리 노동자들은 연대해서 싸워야 제대로 힘을 발휘할 수 있는데 현행 노동조합법에는 제3자 개입 금지 조항이 있어서 서로 도울 수가 없기 때문에 개정하라고 싸우는 것뿐인데, 다른 사람을 돕자는 게 빨갱이인가요? 그런 게 빨갱이라면 사람들에게 빨갱이 되라고 권장하고 싶네요."

얼굴이 빨개져 당황하는 형사들에게 더욱 당당히 말했대.

"노동해방? 그게 빨갱이들의 말이라고요? 그래요, 나는 노동해방을 원해요. 경찰 여러분이 우리 공장에 임시직으로 와서 하루라도 일을 해보세요. 아니, 그냥 점심시간에 와서 밥만 먹어보세요. 우리 공장은 1000명이 넘는 큰 공장이라 돈도 잘 벌어요. 사무직과 정규직은 식당이 따로 있어 수저도 있고 쟁반도 있고 반찬도 여러 개예요. 그런데 우리 임시직은 쟁반도 없이 까칠한 보리밥에 미지근한 콩나물이 전부입니다. 점심시간도 30분이라, 김치도 없이 양손에 밥그릇과 국그릇을 받아 들고 식탁에 앉아 허겁지겁 먹고 현장으로 돌아가야 해요. 그뿐이면 말도 안 해요. 식당 입구에는 양동이에 물이 담겨 있어요. 왜냐하면 앞의 사람이 나가면서 수저를 양동이에 던져 넣으면 뒷사람이 그걸 물에 씻어 사용해야 하기 때문이에요. 밥과 국뿐이니 젓가락은 아예 없고요. 경찰 여러분은 인간이 이런 처우를 받고 사는 게 정상이라고 생각하세요? 우리가 내는 세금으로 먹고사는 경찰 여러분이 대답해보세요. 이렇게 차별받고 억압받는 우리가 노동에서 해방되기를 원하는 게 무슨 잘못인가요? 조서에 이렇게 쓰세요. 나는 끝까지 싸워서 이 끔찍한 불평등에서 벗어날 거라고! 내 한목숨을 바쳐 기필코 노동해방을 이루고 말 거라고!"

힘들고 더러운 일은 임시직들이 다 하는데 정규직보다 급여도 훨씬 적고 상여금도 거의 없대. 그렇다고 정규직이 마음 편한 것만도 아니지. 임시직이 워낙 박대를 받으니까 정규직들도 월급 올려달라거나 작업환경 개선해달라는 말을 못 한대. 그랬다가는 바로 쫓겨나고 임시직이 그 자리를 채울 테니까. 회사가 임시직을 만들어 고의로 차별 대우를 하는 것도 바로 그 점을 노린 거지.

또 다른 공장은 더 심했어. 거기는 정규직이 대부분인 큰 공장인데도 쇠젓가락이 아닌 나무젓가락을 쓴대. 그것도 매일 일회용 젓가락을 새로 주는 게 아니라, 밥 먹고 난 나무젓가락을 모두 수거해서 세제로 씻고 재사용한다는 거야. 나무젓가락은 아무리 씻어도 벌건 자국이 남을 수밖에 없으니 엄청 불쾌하지. 생각만 해도 구역질 나는 일이야.

숟가락, 젓가락이 돈으로 얼마나 되겠어? 기업에서 보면 푼돈도 안 되는데 그런 짓들을 하는 이유는 무엇이겠어? 인건비를 최대한 줄이기 위해서일까? 아니야, 분명 돈의 문제만은 아니야. 노동자 스스로 자신은 비천한 하층민이라는 걸 잊지 못하도록 하기 위함이라고 나는 생각해. 그래야 자신이 인간이라는 자각을 못 하고 가축들처럼 주인이 무슨 짓을 하든 순종할 테니까.

예전에 다녔던 대구의 양말공장 공장장은 늘 이렇게 말했어.

"하나를 주면 두 개를 달라고 하는 게 인간이다. 아예 버릇을 들이면 안 된다."

이런 더러운 말을 들을 때마다 속으로 저주를 퍼부었지만 어린 나는 아무런 대항도 할 수 없었지. 정 견디지 못하면 그만두고 나와버리는 게 내가 할 수 있는 일의 전부였어. 그때 나는 혼자였거든. 그러나 지금은 달라. 이제 나는 혼자가 아니야. 내 옆에는 노민추 회원들이 있으니까. 앞에 나서지는 못해도 마음으로는 우리를 지지하는 현장 노동자들이 있으니까.

우리를 도와주고 있는 노동단체들도 큰 힘이 되고 있어. 구로공단을 중심으로 한 서울의 남부지역에는 노동자를 도와주는 단체와 교회가 거의 20개는 되는 것 같아. 이런 단체들은 우리의 싸움이 외롭지 않다는 걸 보여주고 있어.

제일 중요한 조직은 민주노조들의 지역협의체인 서울지역노동조합협의회 구로지구위원회야. 서울지역노동조합협의회는 줄여서 서노협이라고 부르는데 본부는 시내 남영동에 있어.

서광은 아직 노조민주화를 이루지 못해 정식으로 서노협에 가입하지는 못했지만, 대신 노민추가 함께하고 있지. 나도 노민추 회원들과 함께 구로지구위원회에 들른 적이 있어. 가리봉 오거리에서 관악산 방향으로 고가도로 아래 있는 원룸에 두 명이 일하고 있던데 컴퓨터와 복사기가 집기의 전부인 데다 여럿이 몰려가니 들어갈 공간도 없더라. 20만에 이른다는 구로지구 노동자를 대변한다기에는 퍽 초라한 사무실이 우리 노동자의 처지를 말해주는 것만 같았어. 그러나 서노협은 장차 우리나라 노동운동의 큰 방향을 좌우하게 될 중요한 조직이야.

우리 노동자가 단위 사업장에서 아무리 열심히 싸워도 정부가 공권력을 동원하고 구사대가 공격해오면 견뎌내기 힘들거든. 이에 대응하려면 우리 노동자도 총단결해야 해. 돈도 권력도 물리력도 없는 우리 노동자의 유일한 힘은 파업이요, 이를 가능하게 하는 건 단결뿐이야. 이런 의미에서 전국의 중심이랄 수 있는 서울의 노동운동을 이끄는 서노협과 수출공단이 집약된 경남의 마창노련 같은 지역협의회들이 중요할 수밖에 없어. 각 지역에 지역협의회를 조직해나가면서 동시에 전국협의회, 곧 전노협을 만드는 것이 노동운동의 당면 과제지.

서노협이 우리 노동자 자신의 조직이라면, 밖에서는 여러 노동단체

가 우리를 지원하고 있어. '전태일을 따르는 구로노동상담소'는 민주
노조 간부였던 이봉우 누님이 이끌고 있고 노동운동을 하다가 경찰에
게 성고문을 당했던 권인숙 씨가 이끄는 '노동인권회관'은 사법연수원
생들이며 노무사들이 자원봉사로 법률문제를 상담해주고 있어. 체불
임금이나 부당해고 같은 문제가 생기면 노동인권회관에서 상담을 받
고 무료 변호사나 법무사를 소개받을 수 있어. '여성노동자회', '노동자
종합학교', '박영진열사추모사업회' 같은 곳들도 자체 사무실을 갖추고
우리를 도와주고 있지.

노동자를 도와주는 교회도 많아. 나는 가본 적 없지만 구로동 천주
교회, 신명교회, 독산동교회, 신도림교회 같은 여러 교회에 노동자 모
임이 있다고 들었어. 교회 중에는 당산동 성문밖교회가 제일 큰 역할
을 하고 있는데 서해복투를 비롯해 많은 노동자들이 성문밖교회에서
숙식하면서 투쟁 본부로 삼고 있어.

줄여서 노운협이라고 부르는 '전국노동운동단체협의회'도 빼놓을 수
없는 단체야. 노운협은 1980년대 들어서 공개적으로 노동운동을 해온
노동단체들은 물론, 23개나 되는 반합법 노동단체들과 전대협 같은 대
학생 조직까지 전국의 거의 모든 노동운동 관련 단체들이 모인 협의체
야. 구로지구에도 노운협이 만들어졌는데 예전에 서광에서 해고된 여
성 노동자 중에도 노운협에서 활동하는 이가 있다고 들었어.

공개적인 단체들 말고 비밀스러운 소모임도 많아. 나는 노민추 회원
들과 구로노동상담소에 드나드는 한편, 가끔 라 형과 둘이서 이광구
라는 형을 만나서 회사 문제를 상의하고 있어. 광구 형은 1985년 6월

구로공단에서 일어난 동맹파업 때 전신주에 올라가 유인물을 뿌리며 선동을 했던 유명한 투사래. 배울 것이 많은 사람이야.

나는 라 형이나 광구 형이 무슨 학교 출신인지, 무슨 단체 소속인지 관심도 없고, 형들도 말해준 적이 없어. 학교니 고향이니 하는 정보는 경찰에게는 도움이 될지 몰라도 우리의 투쟁에는 아무짝에 필요 없는 선입견만 주니까. 중요한 건 우리 노동자에게 도움이 되느냐, 마느냐야. 형들 말이 맞으면 수용하고 틀리면 안 하면 그만이지.

노동단체나 교회들 외에도 구로지역에는 풍물을 매개로 노동자들을 조직하고 현장을 지원하는 사물놀이 풍물패도 있고, 노동자 축구 모임도 있어. 구로의원에서 설립한 노동환경연구소도 활동하고 있지.

노동운동이 성장하니 정부도 가만히 있지를 않아. 정부는 노동법상의 제3자 개입금지조항을 내세워 노조끼리 돕는 것도 막고, 노동단체들을 불순세력으로 몰아 탄압하고 있어. 하지만 전국적인 노동자 연대, 전노협을 향한 우리의 열망은 막지 못하지.

지난 10월 9일에는 북한산에서 '노동악법 개정 촉구 전국노동자 등반대회'가 열렸어. 등산대회라기보다는 대규모 집회였지. 서노협 산하 민주노조들을 비롯한 수도권 노동자들이 6000여 명이나 모였고 우리 서광 노민추 회원들도 참가했거든.

믿기 어렵겠지만, 내가 제대로 등산을 가본 건 처음이야. 휴가 때라야 고향 마을에 내려가 농사일 돕고 집 앞 개울에서 물놀이하는 게 고작이었거든. 생애 처음으로 가본 등산, 아니 노동자 집회의 감동을 어떻게 표현할 수 있을까? 붉고 파란 머리띠와 제각기 다른 모양의 크고

노조 활동 중 등산대회에서

작은 노조 깃발을 든 6000여 노동자들이 등산로를 따라 끝이 보이지 않게 행진하며 외치는 광경은 감동, 또 감동이었어.

"노동자는 하나다!"

"단결만이 살길이다!"

가장 많이 외쳐진 구호였어. 우리 노동자에게 가장 필요한 구호였어. 가진 거라곤 몸뚱이밖에 없는 우리의 무기는 오로지 단결이니까. 살아가는 데 필요한 재물을 다 가지고 있다 해도 친구가 없다면 외롭고 불행한 게 인간이야. 아무것도 가지지 못한 노동자에게 나는 혼자가 아니라는 것, 내게는 동지들이 있다는 믿음보다 더 힘이 되는 게 있을까?

앞을 올려다보아도, 뒤를 내려다보아도 모두가 나의 동지들이었어. 대부분 그날 처음 만난 사이였지만 서로 통성명을 할 것도 없었어. 앞에 옮겨놓은 금속노동자의 시처럼, 마주치는 미소만으로도 금방 오래된 친구처럼 친해졌어. 미끄러운 바위를 만나면 스스럼없이 손을 내밀어 끌어주고, 깃발을 대신 들어주고, 모르는 사람들끼리도 물병을 돌려 마셨어. 누군가 가져온 사과는 네 쪽, 여섯 쪽으로 나누어 먹었어.

가을 하늘이 얼마나 맑고 공기는 얼마나 깨끗한지, 정상 부근에 가득 찬 노동자들의 함성이 서울에서 인천까지 아득히 퍼져 나가는 기분이었어.

정말 행복한 시간이었어. 기분이 얼마나 좋았는지, 내려오는 길은 거의 날아다녔어. 몸이 새털처럼 가벼워져서 마치 축지법을 하듯, 공중부양을 하듯, 울퉁불퉁한 돌들을 운동화로 가볍게 튕기며 날듯이 달려 내려왔어. 사람 몸이 이렇게 가벼울 수 있다니, 정말 신기한 체험이었지.

지난 토요일에는 서광 노민추 회원들끼리 강원도 춘천의 강촌유원지로 수련회도 갔어. 스무 명 가까운 젊은 남녀가 청량리역에서 경춘선 열차를 타고 강촌역까지 가는 2시간 동안, 끝말잇기 같은 게임을 하거나 삶은 달걀에 사이다를 마시며 노는데 그렇게 즐거울 수가 없었어. 북한강 양쪽으로 석양을 받아 활활 불타는 단풍이며 열린 창으로 쏟아져 들어오는 풀잎 향기 그윽한 가을바람이 그렇게 좋을 수가 없었어.

민박집에 도착해서 가져간 쌀로 밥을 하고 꽁치통조림으로 김치찌개를 끓이는 동안 기타를 잘 치는 라 형이 노래를 가르치며 분위기를 이끌었지. 밥을 먹은 후에는 민박촌 아래 개울의 모래사장에 내려가 투쟁에 필요한 노래와 춤을 배웠어.

거기서 나는 처음으로 노동가요라 불리는 데모 노래들을 배우고 농성할 때 필요한 율동을 배웠어. 남들 앞에 서기 싫어하고 말하기 싫어하는 내가 사람들 앞에 나가 노래를 부르며 손발로 율동을 하는 게 여간 쑥스럽지 않았지만 다 같이 웃고 떠드는 재미에 푹 빠져버렸지.

가장 감동적인 시간은 촛불 의식이었어. 민박집 큰 방에 둘러앉아 전등을 끄고 촛불만 켜 든 채 각자 살아온 이야기를 하는 시간이야.

다른 사람들의 사연을 들어보니 힘든 어린 시절을 보낸 게 나만이 아니구나 하는 걸 알게 되었어. 선진국 문턱에 올라섰다는 지금도 가난한 사람들이 얼마나 많은지, 질병이나 이혼으로 어려서 부모를 잃은 불행한 소년 소녀들이 얼마나 많은지를 알게 되었어. 다른 사람들의 이야기를 듣고 있으려니 자꾸만 눈물이 나오더라.

다른 사람들도 내 이야기를 들으며 눈물을 흘렸어. 중학교 3학년에 내 발로 집을 떠나 공장을 전전해온 이야기를 하노라니 여기저기서 훌

조합원들과 함께 신명 나게 해방춤을 추는 김종수 열사(왼쪽)

쩍이는 소리가 들리더라. 나 역시 여러 사람 앞에서 솔직하게 내 심정을 털어놓으려니 목이 메어 자꾸 말이 끊어졌어.

나는 친구들이나 동생들 앞에서는 곧잘 감정을 표현하지만 다른 사람들은 내가 즐겁게 수다를 떨거나 큰 소리로 웃는 모습을 보기 힘들지. 술에 잘 취하지도 않거니와 술에 취했다고 감정을 드러내는 성격도 아니야. 그래서 사람들은 나를 온순하고 내성적인 착한 청년으로만 생각하는 것 같아. 나는 단지 필요 없는 말을 하지 않는 것뿐인데, 사람들은 내 가슴속에 타오르고 있는 불길은 보지 못하고 조용한 외면만을 보고 있는 거지.

내 가슴속의 불길은 어렸을 때부터 이따금 타올랐어. 부산에서 이사 왔다고 형을 괴롭히는 덩치 큰 아이들에게 몸을 날려 싸우고, 중학교 들어가서도 큰 애들이 약한 아이를 괴롭히는 꼴을 모르는 체하고 넘어가지를 못했지. 나보다 덩치가 훨씬 큰 형들이며 동급생들에게도 상대편 숫자를 상관하지 않고 덤벼들었어.

나라고 겁이 없던 건 아냐. 매 맞기 좋아하는 사람이 어디 있어? 이길 수 있으니까 싸운 것도 아니야. 키도 작고 체격도 작은 내가 여러 명의 덩치들에게 덤벼들어 어떻게 이기겠어? 질 것이 뻔하지. 질 게 뻔하면서도 몸을 날려 덤벼든 이유는 비록 내가 열 대를 얻어맞고 쓰러지더라도 한 대라도 때려서 나처럼 덤벼드는 아이가 있다는 걸 보여주기 위함이야. 그래야 앞으로는 함부로 약한 애들을 괴롭히지 못할 테니까. 나쁜 녀석들의 타고난 성격은 변하지 않겠지만 최소한 한 번은 더 생각해볼 테니까. 질 걸 알면서도 싸움으로써 이기는 거지.

촛불 의식의 시간, 눈을 감은 채 타오르는 촛불을 들고 있던 내 가슴 깊은 곳에서 불길이 솟아오르는 게 느껴졌어. 오랫동안 짓눌려왔던 불길이 노민추를 만나면서 다시 타오르기 시작한 거야.

가슴속의 열기를 못 이겨 밖에 나오니 10월의 싸늘한 밤공기를 타고 밀려오는 낙엽 향기가 신선했어. 담배에 불을 붙이고 하늘을 향해 연기를 뿜으려니 동대문이나 구로공단에서는 보기 힘들던 별들이 온 하늘 가득히 빛나고 있었어. 얼굴에 와 닿는 차고도 맑은 바람과 눈이 시린 별들을 보고 있으려니 갑자기 이 아름다운 세상의 주인은 바로 나라는 생각이 들더라. 이 무한한 우주, 거대한 대자연 앞에 모든 인간은 평등한 존재이며, 각자가 다 세상의 주인이라는 생각이 들더라. 나는 다시 한번 결심했어.

'다시는 짓눌려 살지 않으리라! 나 자신의 고통의 무게에 짓눌려 눈물을 흘리며 살지는 않으리라. 고개를 돌려 이웃을 보고 세상을 보리라!'

요즘처럼 행복한 시간은 나의 지난날에는 없었어. 그것은 해방감이었어. 자본주의로부터 해방되기 전에, 고된 노동으로부터 해방되기 전에, 나 자신을 옭아매고 있던 억압된 자아로부터 해방이 되는 환희였어.

사랑하는 연희!

연희는 갈수록 나의 편지 내용을 이해하기 어려워할지도 모르겠어. 재미도 없겠지. 구로공단에 온 지 겨우 3개월 만에 너무도 낯선 사람으로 변해버렸다고 생각할지도 모르겠어. 지난번 편지에서 말했듯이, 나는 결코 변한 게 아니야. 다만 한 걸음 더 나갔을 뿐이라는 것을, 원래 정해진 나의 운명을 따라가고 있을 뿐임을 알아주기를 바라. 시간 나는 대로 또 편지할게.

문화부 차장이 되다

연희!

인간은 계획하고, 신은 이를 비웃는다는 말이 있지. 인생이란 고난과 실패의 연속이니까. 그런데 반대로, 우리의 계획보다 더 빨리, 예상보다 더 잘 풀린다면 어떨까? 우리 서광에 그런 일이 생겼다면?

결성된 지 13년 된 서광노조는 본래 구로공장에 본조가 있었고 부평공장은 지부였어. 그런데 부평공장이 인원이 많아지자 부평의 어용세력들이 회사와 밀착해 본조를 가져가면서 노조 전체가 어용화되어버렸지.

지금의 구로지부 집행부는 우리 노민추에게 어용이라고 비난받고는 있지만, 진짜 어용이라기보다는 무능한 노조에 가까웠어. 대의원이나 집행부 간부 중 완성반과 재단반 남자들은 보수적이지만 봉제반 여성 노동자들은 상당히 깨어 있었기 때문이야. 부평 본조 간부들은 그래서 구로지부를 '빨갱이지부'라고 공격까지 하고 있었어. 그들은 올해 가을부터 구로지부를 자기들 마음에 맞는 사람들로 교체하기 위해 지부에 대한 업무감사를 실시하겠다고 압박을 가해왔어.

현장에서는 어용이라고 외면받고 본조로부터는 빨갱이라고 공격당하는 처지가 된 구로지부는 진퇴양난의 기로에 서 있었어. 우리 노민추 입장에서는 어용노조의 약한 고리가 드러난 거야. 우리는 더 강하게 밀어붙이기로 했지.

잇달아 사소한 사건들을 일으켜 현장 분위기를 바꿔나가던 우리는 드디어 지난주에 처음으로 노민추 명의의 유인물을 제작했어. 부평 본조의 어용성과 금전 비리 문제들, 구로지부의 무능을 동시에 비판하는 내용이었지.

배포가 문제였어. 조장, 반장들과의 작은 싸움을 통해 약간의 자신감은 얻었지만 몇몇 활동가가 선도적으로 나서서 유인물을 뿌리고, 그 자리에서 매 맞고 질질 끌려 나가 해고당하는 식의 조급한 싸움은 하지 않기로 했어. 그런 싸움은 막 일어나는 투쟁 의지에 찬물을 끼얹을 수 있기 때문이야.

선전 작업의 목적은 우리가 유인물을 뿌렸노라고 자랑하기 위함이 아니라, 그 내용을 최대한 조합원들에게 전달하는 데 있어. 우리는 현장 분위기가 좀 더 고조되기 전까지는 한 장이라도 더 정확하게 노동자들에게 전달되는 방법을 연구했어. 결론은 야간에 몰래 뿌리는 거였지. 이를 위해서는 여러 사람도 필요 없으니 라 형이 혼자 배포를 책임지기로 했어.

서광 구로공장의 담장 옆으로는 배수로가 있고 그 너머는 철길이었어. 수원을 오가는 1호선 전철과 경부선, 호남선 열차들이 시도 때도 없이 고속으로 달려가는 위험한 구간이지.

행인이 거의 없는 꼭두새벽, 라 형은 가리봉전철역에서 몰래 철로로 내려간 다음 서광까지 꽤 먼 길을 걸어가 배수로를 건너고 담장을 타고 넘어 공장 안으로 들어갔어. 허리에는 유인물 수백 장이 묶여 있었지. 새벽이라 현장에는 아무도 없었어. 라 형은 각 반을 돌아다니며 옷걸이에 걸려 있는 작업복에 유인물을 핀으로 꽂아두고 탈의장에도 뿌려놓고 다시 담을 타고 나왔어.

아침이 되자 회사는 발칵 뒤집혔어. 노동자들마다 유인물을 한 장씩 갖고 있으니 말이야. 정보과 형사들까지 와서 뒷조사를 했지만 목격자가 아무도 없으니 범인을 찾을 수 없었지. 민주파가 의심을 받았지만 심증뿐이었어. 노민추 회원들은 버젓이 출근을 했으니까. 일부 노동자들은 조·반장들이 요구하는 대로 유인물을 건네기도 했지만, 대다수 조합원은 몰래 감추어 읽었어. 사흘 후 새로운 유인물이 뿌려졌어도 마찬가지였어.

두 차례나 유인물을 접한 노동자들 사이에는 집행부를 바꿔야 한다는 이야기가 자연스럽게 돌았어. 구로지부 집행부를 미친개 반장 같은 어용들로 바꾸려던 본조 집행부는 더욱 다급해졌지. 부평 본조 간부들이 지부 사무실을 찾아와 사퇴하라고 압력을 가했어.

궁지에 몰려 갈팡질팡하던 구로지부 집행부의 결정은 뜻밖이었어. 본조에 넘기느니 그래도 말이 통하는 우리 노민추에게 집행부를 넘기겠다는 제안이었어. 기나긴 싸움을 예상했던 노민추로서는 두 손 들어 반길 수밖에 없는 제안이었지.

합의에 따라 구로지부 집행부는 비상 임시총회를 개최했어. 명분은 부평 본조의 공격에 맞서 어떻게 지부를 지킬 것인가를 토론하는 회의였지만, 내부적으로는 집행부를 교체하기 위한 자리였지. 식당에서 열린 조합원 임시총회에서 라 형은 임시의장으로 선출되어 사회를 보았는데 분위기가 무르익자 여기저기서 새 지부장으로 라 형을 선출하자는 주장이 쏟아져 나왔어. 완성반장 같은 이들이 반대했지만, 절대다수가 우리 편이니 어용들도 함부로 훼방을 놓을 수 없었지.

"여러분! 박수로 새 지부장을 통과시킵시다!"

"박수!"

누군가의 선동에 조합원들은 요란한 박수와 함성으로 라 형을 새 지부장으로 선출해버렸어. 우리 노민추도 예상하지 못했던, 정말 정신없이 벌어진 일이었어.

사실, 지부장과 사무장, 회계감사 같은 임원을 박수로 뽑는 것은 노동조합법 위반이야. 먼저 임시의장을 뽑아 회의 진행을 맡긴 다음 전형위원을 뽑아 선거 과정을 맡기고 비밀투표를 통해 임원을 선출해야 하지. 또 이 모든 과정을 회의록으로 작성해 관청에 신고해야 해. 박수로 임원을 선출했다는 점은 두고두고 문제가 될 수 있어.

그러나 조합원이 모두 모인 자리에서 조합원들의 압도적인 요구에 따라 뽑았으면 된 거지, 세금 받아먹고 사는 공무원도 아닌 우리가 정부 기관의 허락을 받는다는 게 오히려 잘못된 것 아닌가? 우리는 라 형의 지부장 선출을 그대로 받아들이기로 했어.

새 집행부를 선출한 조합원들은 제2공단에 있는 서광 본사까지 시위를 벌였어. 본사에 구로지부를 독립노조로 인정하라고 요구하기 위함이었어. 노조를 분리하게 되면 구로지부라는 수식어가 떨어지고, 지부장 대신 위원장으로 불리게 되는 거지. 또한 임금협상이나 단체협약 협상에서도 부평 본조가 대신하지 않고 우리가 직접 회사와 교섭할 수 있게 되는 거야.

제3공단에서 제2공단으로 가려면 철길 위로 난 고가도로를 건너야 해. 조합원들은 어용노조 퇴진과 민주노조 인정을 외치며 고가도로를 넘어 행진하기 시작했어. 작업복을 입은 수백 명의 여성 노동자들이 고가도로 절반을 점거하고 걸어가는 광경은 장관이었어. 당황한 경찰이 전투경찰을 동원해 곳곳에 진을 치고 있었지만 우리는 아랑곳하지 않고 구호를 외쳤어.

"어용 본조 물러가고, 지부 독립 인정하라!"

"노동자도 인간이다, 인간답게 살아보자!"

임금의 노예가 되어, 아무리 치사하고 더러워도 고개를 숙인 채 눈물을 삼키며 살아온 사람들이 평생 처음으로 주먹을 추켜올리고 자신의 주장을 마음껏 소리치며 행진하던 감동을 어떻게 표현할 수 있을까?

나도 맨 앞에 서서 걸어가며 목이 터지게 소리치고 어깨가 아프도록 주먹을 추켜올려 하늘을 찔렀어. 화사한 단풍으로 물든 가로수들과 하나같이 청색으로 칠해진 공장의 지붕들, 그 위로 새파랗게 펼쳐진 가을 하늘을 향해 주먹을 찌르고 또 찔렀어. 목이 쉬도록 구호를 외치며 생각했어.

'보아라! 지금까지는 당신들의 하늘이었지만, 이제는 우리들의 하늘이다! 지금까지는 가진 자들만을 위한 공장이었지만, 이제는 일하는 사람들을 위한 공장이 될 거다! 더 이상 우리를 기계 부품으로 취급하지 말라! 더 이상 우리를 하층민으로 천대하지 말라! 하늘 아래 모든 인간은 평등하다! 또 평등해야만 한다!'

비록 우리의 싸움은 더디고 실패의 연속이 될지라도, 싸움 그 자체가 우리를 정신적 노예로부터 해방시키리라는 생각이 들었어. 뒷걸음질로 걸으며 구호를 선창할 때, 나는 여기저기서 눈물을 흘리는 조합원들을 보았어. 두려움으로 또는 희망으로 복잡한 표정들 곳곳에서 치밀어 오르는 감정을 못 이겨 울고 있는 얼굴들이 눈에 들어왔어. 한 맺힌 노동자의 삶을 회한하며, 인간답게 살고 싶다고 절규하며, 감정을 못 이겨 눈물을 터뜨리는 모습을 보았어.

감격으로 우는 여성 노동자들의 눈과 마주치려니 나도 자꾸만 눈물이 나와서 다시 몸을 돌려야 했어. 너와 내가 흘린 눈물, 우리들의 눈물, 그것이 바로 우리가 억압에서 해방되는 첫걸음이 아닐까? 철길을 넘는 고가도로가 내게는 노동해방의 문턱 같았어. 고가도로 아래 양쪽으로 펼쳐진 공장들을 내려다보면서, 나는 해방을 보았어. 노동해방, 인간해방의 빛을 보았어.

노동조합은 단순히 돈 많이 받으려고 만든 이권단체가 아니라, 우리를 억압으로부터 해방시켜주는 해방의 놀이터였던 거야. 물리적, 경제적으로만이 아니라, 정신적으로 해방되는 우리들의 해방터였던 거야.

제2공단 서광 본사 건물 앞에 도착한 조합원들은 구로지부를 독자적인 노동조합으로 인정해 단체협약과 임금협상을 할 것을 요구하며 농성을 벌였어. 회사로서는 절대 들어주고 싶지 않은 요구지. 법적으로도 쉬운 일은 아니고. 우리도 입장을 확실히 밝히는 것으로 일단 그날의 가두시위와 농성을 마쳤어.

　새 집행부에는 많은 간부가 필요했어. 지부장과 부지부장, 각 부서의 부장과 차장, 감사가 필요하고 대의원도 새로 뽑아야 하니까. 나는 노동운동을 시작한 지 3개월밖에 안 되었다고 극구 사양했지만 다들 강력하게 집행부에 추천했어. 내가 시위대의 맨 앞에서 열정적으로 이끄는 것을 보니 자격이 된다는 거야.

　내가 자꾸 사양하니까 다른 민주노조의 사례들을 말해주는데 나처럼 3개월 활동한 것도 짧은 게 아니더라. 작년의 대파업 때는 갑자기 파업이 터지니까 대부분 노동조합의 노자도 모르던 이들이 며칠 만에 집행부가 되었더라고. 올해 세워진 구로공단의 신규 노조들도 다수의 간부가 초보자였어. 노동운동의 자유가 보장되지 않다 보니 소수의 민주파들이 비밀리에 활동하다가 갑자기 노조를 결성하게 되어 인력이 부족하기 때문이야.

　사람들의 권유를 못 이긴 나는 문화부 차장을 맡기로 했어. 억지로 떠맡은 건 아니야. 오히려 영광이었지. 나를 자본과의 투쟁의 최전선에 서게 해준 이들에게 감사하고 있어.

　자본과 권력이 자행하고 있는 노동운동 탄압의 핵심은 민주노조를 깨는 거고, 민주노조를 깨는 이유는 다시 옛날로 돌아가자는 거야. 이

공세를 물리치기 위해 필요한 절대적인 과제는 전국 조직이야. 노조를 깨지 못하게 전국 조직을 만들어서 대응해야 해. 서노협 같은 지역노조 강화와 전노협 결성은 우리 노동자의 사활이 걸린 문제인 거지. 내가 그 선봉에 섰다는 게 자랑스러울 따름이야.

우리 서광의 새 집행부가 제일 먼저 한 일도 서노협 가입이었어. 서노협은 법외단체이니까 우리 지부도 법적으로는 부평 본조의 일원으로 한국노총에 속해 있지만, 우리가 의무금을 납부하는 실질적인 상부 조직은 서노협이 되었지.

서노협이 중요한 건 우리 서광노조를 살리는 가장 직접적인 조직이기 때문이야. 많은 노동단체가 있다 해도 단체들의 일이란 민주노조들을 지원하는 것이야. 어디까지나 투쟁의 주체는 현장 내부의 민주노조인 거지. 민주노조들 사이의 연대와 공동 투쟁만이 우리 노조를 지키고 살리는 길이 되는 거야.

쉬운 일은 아냐. 불과 1년여 만에 전국에서 수천 개 민주노조들이 만들어졌지만, 얼마 못 버티고 무너진 곳이 많아. 회사가 고의적으로 문을 닫거나 다른 곳으로 이전해 노조가 없어진 곳도 있고, 노조집행부를 매수해 어용화한 곳이 수도 없어.

얼마 전 집회 때 만난 영등포의 한 노조위원장 형님에게는 회사에서 3억 원까지 제시하더래. 인원도 그리 많지 않은 회사였는데 아파트 두 채를 살 수 있는 거액을 줄 테니 떠나라고 하더라는 거야. 올해 8월 말의 사건이니 몇 달 되지도 않은 일이야.

의협심 강한 위원장 형님은 이 사실을 공개하고 파업을 선언했대. 그런데 3일간 교섭을 해도 회사는 한 가지도 양보를 않더래. 회사 앞에 전투경찰들이 언제든 치고 들어오려 대기하고 있으니 일부러 협상을 무산시키려는 거였지. 위원장 형님은 조합원들에게 파업만 하면 이긴다고 큰소리를 쳤는데 이대로 패하면 다시 일어서기 힘들 거라는 고민 끝에 노동자를 대표해 스스로 몸을 불사르기로 했대.

경찰 진입에 대비해 경찰을 저지하려고 사놓았던 신나가 있었어. 전날 밤 유서를 써놓고 다음 날 백골단이 몰려올 때 몸에 신나를 부었대. 일회용 가스라이터를 켜려는 순간 조합원들이 소화기를 쏘는 바람에 생명을 건졌는데, 노조위원장의 분신 시도에 놀란 회사에서 협상에 응해 요구 조건을 쟁취할 수 있었대.

그 회사에서 조급히 합의를 본 이유는 무슨 이유로든 분신 사망 사건이 일어나면 사회적으로 확대되기 때문이야. 분신 사건이 나면 서노협 같은 지역노조부터 노운협 같은 노동단체, 재야 민주화 세력, 야당 정치권까지 대거 결합해 싸움이 엄청나게 커지거든. 분신 기도만으로도 무언의 압력 수단이 된 거지.

노민추 출신들이 집행부가 되고 서노협에 가입하자 서광에도 비상이 걸렸어. 얼마 전에도 완성반에서 라 형과 친한 아이롱사들을 여럿 해고시키고 하청회사를 통해 깡패 같은 남자들을 취업시켰는데, 내가 일하는 재단반에도 건달들이 여럿 들어왔어. 장차 구사대를 만들어 노조를 깨려는 게 분명했어.

연희가 잘 알지만 나는 분위기에 들떠서 함부로 막말을 하거나 흥분하는 성격이 아니잖아. 새로 입사한 깡패 같은 사람들은 이런 나를 내

버려두지 않았어. 그들은 작업 시간이건 휴식 시간이건 일부러 나를 째려보고 내가 무슨 말을 하건 피식거리며 노골적으로 비웃었어. 겁주고 시비를 걸려는 거야.

내게만이 아냐. 점심시간이면 조합 간부들이 식당 배식구 앞에 나란히 서서 상황 보고도 하고 구호를 외치며 소식지를 나눠주는데 새로 들어온 남자들은 대놓고 야유를 하며 훼방을 놓았어.

"에이 씨발! 그런 걸 왜 해? 빨갱이들 아냐?"

"돈 벌러 왔는데 왜 선동들을 하고 지랄이야?"

고의적인 집단행동이 분명했어. 말투부터가 보통의 노동자들과는 다른, 인력사무실에서 고용했음이 분명한 건장한 남자들이 고함을 쳐대니 여자들은 겁을 먹을 수밖에 없었어. 집행부 간부들이 맞고함을 쳐서 막기도 했지만 역부족이었지. 그렇다고 노조 집행부가 주먹질을 하며 싸울 수는 없잖아. 참을 수밖에.

참고 참던 나를 터트려버린 건 어느 날 아침이었어. 출근해 작업 준비를 하는 시간에 새로 나온 노조 소식지를 재단반 사람들에게 돌리고 있는데 그들 중에도 제일 말이 많던 놈이 소식지를 받자마자 내 눈앞에서 찢어버리며 내뱉는 거야.

"열심히 일하러 왔더니 아침부터 왜 삐라를 뿌리고 지랄들이야!"

피가 솟구치더라. 나는 와락 달려들어 멱살을 잡아 흔들며 소리쳤어.

"너 누구한테 사주받아서 노조 활동을 방해하는 거야?"

갑작스럽게 달려들자 중심을 잃고 밀리던 건달은 이내 내게 주먹을 날렸어. 눈앞에 샛노란 불똥이 튀고 머리가 흔들렸어. 내가 휘청이며 손을 놓으니까 건달은 자신만만하게 비웃어댔어.

"덩치도 조그만 게, 계집애 같이 생긴 놈이 어딜 덤벼!"

나도 밀리지 않았지. 권투선수가 되려고 도장에도 나갔던 나야. 방심한 건달의 명치에 힘껏 주먹을 날리니 털썩 주저앉아버리더라. 일어나려는 건달에게 주먹을 들이밀며 소리쳤어.

"누구든 앞으로 노조 활동 방해하면 나한테 죽을 줄 알아!"

사람들이 말리는 바람에 싸움은 금방 끝났고 건달들은 망신을 당할까봐서인지 집단으로 덤벼들지는 않았어. 효과는 충분했지. 고참 재단사가 지나며 말하는 거야.

"우리 착한 종수가 화가 나니 무섭네."

이 일은 남성 노동자들의 분위기를 바꾸는 계기까지 된 것 같아. 작업을 마치고 같이 막걸리를 마시면서 화해한 덕분일까? 건달 같던 남자들이 점점 호의적으로 변한 거야. 점심시간의 선전전이나 유인물 배포 때 대놓고 훼방을 놓는 일이 없어져버렸어. 정말 믿어지지 않는 일이었어. 어쩌면 새로 들어온 사람들이 회사에서 구사대로 고용한 게 아닐지도 모른다는 생각까지 들 정도였어. 단순히 회사가 그들을 뽑으면서 노조에 대해 악선전을 하는 바람에 편견을 가졌던 게 아닌가 하는.

지난주에는 집행부와 열성 조합원 수십 명이 강원도 원주의 치악산으로 단체 산행을 갔는데, 그동안 삐딱했던 남자들도 여럿 동참했어. 우리로서는 대환영이었지. 어쨌거나 그들도 조합원이니까.

현장 분위기가 달라져서인가, 회사도 호의적으로 바뀌었어. 이번 주에는 경기도 능곡에 있는 '평화의 집'에서 집행부 수련회를 열었는데 회사에서 버스에 음료수까지 제공해주더라. 이번에도 남자들이 여럿 참가하고.

처음 가본 능곡은 기찻길이 지나는 조용한 농촌이었어. 평화의 집도 허름한 건물이어서 창문 틈으로 영하의 바람이 씽씽 들어왔지. 그래도 다들 즐거웠어. 당번을 정해 밥을 해 먹고 촛불 의식을 하고도 아쉬워서 마당에 커다란 모닥불을 피워놓고 밤새 둘러앉아 술을 마시고 노래를 부르며 놀았어.

그래도 여자들과의 대화는 영 익숙하지 않아서 주로 남자들과 담배를 피우며 많은 이야기를 나눴지. 그 사람들 말투가 좀 서칠고 생각도 틀린 게 많아도 상관없었어. 어용노조 편이 되거나 구사대까지 되었을지도 모를 사람들이 우리 편이 되다니 든든하기만 했지.

조합 임원 중에는 문화부장 이삼녀 씨와 친해졌어. 어지간한 남자들은 누를 정도로 당차고 지도력 있는 여자야. 여성 조합원의 대다수가 회사 안에 있는 기숙사에서 생활하고 있는데 삼녀 씨는 부사감이라고 불릴 정도로 영향력이 있어. 삼녀 씨가 이끄는 기숙사생들은 지부장 교체며 가두 행진에 결정적인 역할을 했지.

이삼녀 씨는 문화부장이고 나는 차장이다 보니 제일 많이 만나는 사이지만 질투는 하지 않아도 돼. 내가 삼녀 씨와 늘 붙어 다니니 사람들은 둘이 연애를 한다고 생각하는 것 같아. 솔직히 삼녀 씨도 나를 동지 이상으로 좋아하는 것 같아. 그런데 우리가 연인이 아니란 걸 가장 정확히 아는 사람은 삼녀 씨 본인이야. 그렇지만 굳이 사람들의 오해를 풀어주려고 하지는 않더라. 사람들이 놀리는 걸 은근히 즐기는 것 같아. 참 멋진 여자지.

연희! 정말 모든 일이 너무 잘 풀리는 것 같아. 하루하루가 즐거움과 보람의 연속이야. 노동조합이 노동자 해방의 놀이터, 우리들의 해방터라는 말이 실감 나.

결코 연희를 잊고 있는 건 아니야. 삼녀 씨만 아니라 조합 집행부를 맡은 여성들은 하나같이 마음씨가 좋고, 붙임성도 있고, 똑똑하고도 야무진 사람들이야. 조합원이 수천에서 수만이나 되는 대기업은 민주노조라 해도 막대한 이권이 걸려 있다 보니 집행부에 별별 인간들이 다 들어온대. 하지만 해고와 구속밖에 기다리는 게 없는 우리 같은 중소기업의 민주노조는 이타적이고 선한 성품을 갖지 않으면 할 수가 없어.

지금까지 보지 못했던 매력적인 여성들이 많지만, 내 마음은 오로지 연희에게 가 있어. 매일 잠자리에 들 때마다 연희를 생각해. 정신 빠지게 바쁜 하루를 보내고 너무 지쳐 기절할 듯 잠에 빠져드는 순간에도 연희를 생각해. 고개도 들기 힘든 다락방에서 희뿌연 전등불 아래 온종일 미싱을 돌리고 그 자리에서 쪼그려 잠들어 있을 연희를 생각하며 매일처럼 다짐하고 있어. 노동조합이 제대로 자리 잡아 월급도 오르고 마음의 여유도 생기면 곧바로 연희를 데리러 가겠다고. 그때까지만 참아줘. 사랑해.

사라진 지부장

연희! 잘 지냈지? 거의 한 달 만에 편지를 하네.

지난번 연희의 편지를 받고서도 답장을 못 해 정말 미안해. 조합 일로 너무 바쁘고 힘들어서 마음의 여유가 없었어. 노조 민주화의 감동은 잠깐이고 안 좋은 일이 계속 일어났거든.

지난달에 연희에게 편지할 때만 해도 모든 게 잘 돌아가는 것 같았지. 내 생애에 가장 행복한 시간이라고까지 말했었지. 하지만 돈과 권력을 쥔 기득권자들은 우리들의 작은 행복을 용납하지 않았어.

기득권 의식은 돈의 크기나 권력의 크기에 정비례하는 것만은 아니었어. 밑바닥 생활을 하다가 작은 기득권을 얻은 이들 역시 한 치라도 더 위로 올라가기 위해 자기보다 못한 처지의 약자들을 짓밟고 서기를 마다하지 않는 법이지. 원래 강자였던 자들보다 약자였다가 강자로 발돋움한 자들이 더 잔인하다는 구슬픈 이야기야.

구로지부의 새 집행부는 회사보다도 부평 본조를 더 자극한 것 같아. 구로지부를 자신들 편으로 재편하려고 했는데 오히려 더 강성인 집행부가 되었으니까.

노동운동을 모르는 연희는 부평 본조가 왜 굳이 구로지부를 차지하려 하는지 조금 의아할 수도 있어. 그 이유는 어용들도 자신들의 세력을 키울 필요가 있기 때문이야. 조합원의 권리나 복지를 위해서가 아니라 자신들의 이익 때문에 그래. 어용들도 임금인상 철이 되면 적당히 높은 요구를 내세우고 회사와 싸우는 척하지. 그러고는 형편없는 조건으로 타협을 보면서 회사로부터 금전적 대가를 받는 거야. 자신들의 세력이 클수록 대가의 크기도 커지겠지. 회사로서도 1000명, 2000명의 임금을 올리는 것보다는 몇 사람을 매수하는 게 훨씬 이익이지. 평소에는 어용들이 노동자들의 열망을 억눌러주고 민주파를 탄압하는 악역을 맡아주니 일거양득이기도 하고.

부평 본조가 내세운 제일 큰 트집거리는 조합원 총회에서 박수로 지부장을 뽑았다는 거였어. 그들은 대의원에 의한 투표로 재선거를 하라고 압박을 가해왔어.

우리로서는 받아들이기 힘들었지. 우선 대의원대회보다 더 높은 기구인 조합원 총회에서 직접 선출된 집행부라는 정당성을 가진 데다, 부평 본조와 갈라져 독립을 요구하던 구로지부가 그들의 간섭을 받아들일 수는 없었어.

회의 결과, 직접 본조에 찾아가서 부딪치기로 했어. 집행부 몇 사람이 요구를 받아들일 수 없다고 통고하려고 부평 본조를 방문했지.

어용노조 간부들의 모습을 어떻게 표현하면 좋을까? 소파며 책상이 무슨 사장실 가구 같은 넓은 사무실을 차지하고 앉아 서광 회장과 자기들이 얼마나 친한가를 과시하는 꼴이 정말 꼴불견이었어. 위원장은 말했어.

"참 큰일이야. 불순한 사상을 가진 위장취업자들이 아무것도 모르는 순진한 근로자들을 꼬여서 잘나가던 기업들을 망하게 하고 있으니. 장차 이 나라 경제가 어떻게 될지 참으로 암담해."

바로 라 형을 겨냥해 하는 말이었지. 라 형이 참지 못하고 따졌어.

"아니, 노동쟁의 때문에 망한 회사가 있단 말입니까? 한두 달씩 파업을 한 내기업들도 돈만 잘 버는데요? 사례를 좀 들어보시지요?"

"왜 없어, 이 사람아! 자네가 몰라서 그렇지. 대기업은 몰라도 중소기업들은 어려움이 많다고."

이번에는 내가 화를 내며 끼어들었어.

"위원장님! 지금 저임금 장시간으로 노동자 피땀을 짜서 자기 배만 불려온 사장들을 옹호하시는 겁니까? 지금 우리가 노조위원장 앞에 앉은 겁니까, 사장 앞에 앉아 있는 겁니까?"

위원장은 웬 건방진 놈인가 하는 눈으로 나를 바라보더니 내가 무섭게 쏘아보자 시선을 돌리며 라 형을 향해 물었어.

"자네들은 우리나라 무역액이 재작년엔 100억 달러 흑자였는데 올해는 적자로 곤두박질치고 있다는 걸 어떻게 생각하나?"

라 형은 반박했어.

"내가 알기로 무역적자는 88올림픽을 치르려고 엄청난 해외 자재를 수입했기 때문이지 노동자의 파업으로 적자가 난 건 아니지요."

위원장은 그 말도 싹 무시하고 자기 할 말만 계속했어.

"이러다가는 아시아의 네 마리 용에서 탈락해 이무기가 되어 추락할 판이야. 아니, 이미 추락했지. 이거 정말 큰일이야."

우리 앞에 앉아 있는 건 노동조합 위원장이 아니라 회사 사장이자, 정부 관리였어. 맞아, 그들은 그렇게 생각할 수도 있겠지. 하지만 노조 위원장이 할 말은 아니잖아?

우리는 어떤 설득으로도 어용들의 생각을 바꿀 수는 없다는 것, 도 저히 함께할 상대가 아니라는 것만을 확인했을 뿐이야. 더 이상 논쟁 할 필요도 없었어. 우리의 뜻만 통보하고 나와버렸지.

본조 간부들도 마찬가지로 우리에 대한 기대를 포기했을 거야. 구 로지부 집행부에 대한 어떤 회유도, 압박도 통하지 않음을 확인한 그 들은 엉뚱하게도 화살을 회사와 노동부로 돌렸어. 불법으로 뽑힌 지 부장을 해고시키지 않으면 부평공장에서 파업을 일으키겠다고 선언한 거야.

어용노조와 입이라도 맞춘 듯, 회사와 노동부는 부평 본조가 반발한 다는 핑계로 우리를 압박하기 시작했어. 회사 간부들과 노동부 근로 감독관은 뻔질나게 구로지부 사무실에 찾아와 지부장 선거를 새로 하 라고 요구했어. 우리는 당연히 거절했지.

수련회에 버스를 제공하기도 했던 회사는 본색을 드러내고 사사건 건 노조 활동을 방해하기 시작했어. 우리는 그때마다 작업 거부로 맞 설 수밖에 없었지.

첫 작업 거부 사태가 벌어진 것은 조합원 교육 문제 때문이었어.

어용노조가 가장 등한시하는 게 조합원 교육이야. 노동자가 똑똑해지면 안 되니까. 그들은 노동자의식이라든가 역사의식에 관한 교육은 일절 하지 않고 노조창립일이나 근로자의날이 되면 냄비, 밥그릇, 수건 같은 걸 나눠주지. 세상에는 노동자를 위해 쓰인 좋은 책도 많건만, 책을 사서 나눠주는 어용노조는 없어. 냄비와 수건이라니? 책 읽기 싫어하는 무식한 너희들은 밥이나 해 먹고 땀이나 닦으라는 거야, 뭐야?

반면, 민주노조는 교육을 제일 중시해. 점심시간이나 저녁밥을 먹고 야간작업 들어가기 전에 잠깐이라도 노조 간부들이 현장에 가서 하다 못해 노동법이라도 몇 줄 가르치는 게 민주노조야. 나는 1년에 한 권이라도 노동운동이나 역사에 관한 책을 사서 조합원들에게 나눠주지 않는 노조는 민주노조도 아니라고 생각해.

민주집행부는 외부 강사를 초빙해 조합원 교육을 하기로 했어. 『노동법해설』을 출판한 석탑출판사 최영희 사장을 초빙해 노동법 강의를 듣기로 한 거야.

약속한 날, 전체 조합원이 일찍 저녁을 먹고 모여 있었어. 저녁 식사 시간을 이용해 1시간만 교육하고 야근할 사람은 야근을 하기로 했지. 그런데 회사 입구까지 온 최영희 씨가 들어오지를 못하는 거야. 경비들과 관리자들이 막아버린 거지.

조합 간부들이 쫓아 나가 항의했지만 소용없었어. 이런 상황에서 최영희 씨를 억지로 데리고 들어와 강연을 시키면 주거침입죄니, 제3자개입금지법으로 고소할 게 분명했어. 강사를 보호하기 위해서라도 돌려

보낼 수밖에 없었어.

집행부는 즉각 야간작업 거부를 선언했어. 우리가 먼저 어떤 요구를 내세운 게 아니라, 회사의 도발에 맞선 즉자적인 작업 거부였지. 그런데 작업 거부가 다음 날 오전까지 이어졌기 때문에 자동적으로 파업이 되어버렸어. 법적으로 보면 불법파업이었어.

애초에 합법적인 파업이란 법률 조항으로만 존재할 뿐이기도 해. 노동조합법을 다 지키며 파업을 하는 것은 사실상 불가능하거든. 법에 정한 대로 교섭 기간과 냉각 기간, 노동부의 조정절차를 다 거친 후에도 정부는 직권으로 파업을 못 하게 할 수 있어. 구로공단을 포함해 지금까지 전국에서 벌어진 수많은 파업은 거의 모두 법을 무시한 채 구속될 각오로 터뜨린 거야.

노동법 강의 사건 말고도 회사의 크고 작은 도발은 계속되었어. 부당한 트집을 잡아 노조 간부들을 징계한다든지, 열성적인 조합원을 찍어서 괴롭히는 식으로 하루도 조용히 넘어가는 날이 없었어.

이 와중에도 다른 민주노조와의 연대 투쟁은 계속하고 있어.

지난 10월 29일부터 30일까지 서노협에서 주최한 '노동법 개정 문화제'에는 조합원 수십 명이 참가해 밤을 꼬박 새우다시피 했고 11월 4일에는 국회 앞에서 2000명이 참가한 '노동법 개정 촉구대회'에도 참가했어. 연행된 서노협 소속 조합원들의 석방을 요구하며 경찰서 앞에서 시위를 벌이기도 하고 제1야당인 평민당 당사와 명동성당에서 벌어진 농성을 방문하기도 했어. 아침저녁으로 구로공단에서 파업을 벌이는 사업장에 찾아가 정문에서 연대 투쟁을 하는 일은 일상이나 마찬가지고.

이런 활동을 통해 전노협 건설은 한발씩 가까워지고 있어.

서노협은 며칠 전인 12월 15일에는 한양대에서 제1차 임시 대의원대회를 열어 동아건설 창동공장 노동조합 단병호 위원장을 의장으로 선출했어. 단병호 의장은 마창노련 문성현 의장과 함께 전국적인 민주노조운동을 이끄는 상징적인 인물이야. 전노협 건설의 주역들이지.

노동운동을 모르는 연희는 내부 일도 감당하지 못하면서 왜 외부 일에 그렇게 신경을 쓰는지 궁금하겠지. 지난 편지에서 여러 번 말했듯이, 우리 노동자는 서로 힘을 합쳐야만 같이 살 수 있기 때문이야. 노동자의 정치, 경제, 사회적 지위를 향상하기 위해서는 노동운동을 탄압하는 정부와 독점재벌에 맞서고 노동법 같은 제도를 개선해야 하는데 이런 일은 각개 사업장에서 요구하고 싸울 수는 없거든. 이런 과제들은 지역별, 업종별로 분산되어서가 아니라 전국적으로 하나로 결집하여 싸워나갈 때만 올바로 수행될 수 있어.

우리나라에도 전국적인 노조 연합체가 없는 건 아니야. 한국노총이 있지. 그런데 한국 노동조합의 대표라는 한국노총은 노동조합운동을 표방하고 있을 뿐, 노동자에게는 일방적인 굴욕과 희생을, 자본가에게는 끝없는 이윤을 보장하는 노사협조주의 단체에 불과해. 간단히 말해서 어용들의 총집합소인 거야. 우리는 새로운 노총을 만들어야만 하고, 그것이 바로 전노협이야.

노동자가 왜 힘을 합쳐 싸워야 하는가는 바로 엊그제 벌어진 사건도 한 사례가 될 거야. 우리 공장에서 하나 건너 이웃에 있는 베어링 공장 사건이야.

베어링 공장은 노동자가 200명 정도인 중소기업인데 조합을 갓 결성했기 때문에 조합원이 아직 50명 정도밖에 안 되어 힘이 약했어. 회사와의 임금협상이 잘 될 리 없지. 노조를 만든 직후만 해도 겁을 머고 어쩔 줄 모르던 사장은 어디서 무슨 조언을 들었는지 금방 자신감을 찾고 파업을 하거나 말거나 신경도 안 쓰더래.

회사에서 협상할 생각조차 없음을 확인한 베어링노조는 결국 현장을 점거하고 농성에 들어갔어. 그래도 사장은 맘대로 해보라는 식으로 상대도 안 해주며 구사대를 만들더래. 공장은 자동적으로 멈추고, 수십 명이 현장에 고립된 채 이틀을 보냈는데 밖으로 밀려 나간 비조합원들이 구사대를 결성해 각목으로 무장하고 공격을 준비한다는 정보가 들어왔어.

베어링 조합원들은 농성에 들어가면서 구사대와 경찰의 습격에 대비해 휘발유와 경유, 산소통을 준비해두고 있었어. 공격이 들어오면 기름을 몸에 붓고 분신하겠다고 위협하기 위함이었지. 몇 해 전에 독산동 문구공장에서 분신 사망한 박영진 열사가 그런 식으로 구사대에 맞서다가 정말로 분신해 사망한 사건도 있었거든.

다음 날 오전, 베어링 조합원들이 마당 가운데 가스통을 세워놓고 바닥에는 기름을 흥건히 뿌려놓고 있으니 예상대로 구사대가 각목을 들고 밀려왔어. 마당에 앉아 지키고 있던 사무장이 산소통에 불을 붙이려 했는데 고압 산소통에 라이터로 불을 붙이기가 쉽지 않아. 물러가라고 소리쳐도 구사대는 그대로 밀고 왔지.

"물러가라! 아니면 분신하겠다!"

맨 앞에서 소리치던 사무장이 마침내 기름을 뒤집어쓰고 라이터를 켰어. 그런데 경유란 게 쉽게 불이 붙지를 않아. 불이 붙기는 했는데 휘발유처럼 확 퍼지지를 않는 거야. 2층 사무실에서 이런 사태에 대비하고 있던 관리자들이 재빨리 소화기를 쏘아 꺼버렸어. 다행히도 불행한 사고는 일어나지 않았지만, 조합원 수십 명은 각목에 맞으며 공장 밖으로 쫓겨나고 말았지.

사건은 이제 시작이야. 베어링 조합원들이 쫓겨나고 2시간도 지나지 않았을 때였어. 공장 정문 앞에 200명이 넘는 노동자들이 모여들었어. 150명은 서울 본사로 상경 투쟁을 왔던 울산의 조선소노동자들이었고 나머지는 베어링 조합원들과 주변 공장에서 지원 간 서노협 조합원들이었어. 당연히 나도 그 자리에 있었지. 소식을 듣자마자 재단 칼을 던져버리고 달려간 거야.

"노조 탄압 중단하라!"

"폭력 구사대 물러가라!"

구호가 시작되고 불과 몇 분 후였어. 시위 대열에서 갑자기 불덩이 하나가 날아올라 회사 마당에 떨어져 폭발했어. 잇따라 수십 개의 불덩이가 날아올랐어. 서노협 구로지구위원회 소속 노조위원장들이 긴급회의를 열어 즉석에서 만든 화염병이었어. 화염병을 던진 이들은 서노협 조합원들이었어. 나도 몇 개나 불을 붙여 던졌지. 조선소노동자들은 타지에서 연행되면 문제가 커지니까 화염병은 안 던지고 구호와 노래로 우리를 응원했어.

투척하는 데 3분이나 걸렸을까, 수십 개의 화염병이 터지자 기름에 젖어 있던 공장 마당은 이내 불바다가 되어버렸어. 엄청난 불길과 연기가 솟자 구사대는 겁을 먹어버렸어. 우리는 목숨을 바쳐서라도 민주노조를 지키려 하지만, 구사대는 회사를 위해 목숨까지 바칠 생각은 추호도 없거든. 조선소노동자들은 현장으로 들어오지 않고 정문 밖에서 경찰이 진입하지 못하도록 도열한 가운데, 베어링 조합원들과 서노협 조합원들이 회사로 밀고 들어가니 구사대는 뿔뿔이 도망가기 바빴어.

현장으로 몰려 들어간 서노협 조합원들은 도망치는 구사대를 붙잡아 여기저기서 집단 구타를 했어. 그러자 베어링 조합원들은 자기 동료가 맞지 않도록 우리를 말리는 거야. 비록 구사대에 가담했지만 바로 며칠 전까지 현장에서 함께 일하던 동료니까. 또 앞으로 함께 일해야 할 사람들이니까. 날아오르는 화염병의 불꽃 잔치도 감동이었지만, 아무리 구사대를 했더라도 맞지 않도록 감싸주는 동료애도 감동이었어.

이게 바로 노동자 연대야. 왜 우리가 지노협을 만들고 전노협을 만드는가를 잘 보여준 사건이었지.

아직 베어링 이야기가 끝난 건 아냐. 어떤 강력한 지원이 있더라도 조합 내부의 주체적 역량이 부족하면 소용이 없더라. 노조가 다시 현장을 장악한 후, 지원 왔던 조선소노동자들은 울산으로 돌아가고 나를 비롯한 서노협 조합원들도 각자 회사로 돌아갔어. 그리고 불과 두어 시간도 안 되어 전투경찰이 진입해 순식간에 농성 조합원들을 전원 연행해버리고 만 거야.

나중에 들으니, 수십 명밖에 안 되는 역량으로 전문 체포조인 백골단과 충돌할 것인가, 아니면 빠져나갈 것인가 긴급 토론을 했는데 도망 치느니 당당히 잡혀가자고 결정했다는 거야. 나는 그 결정을 존중해. 현장을 버리고 달아나거나 경찰과의 무리한 싸움으로 큰 피해를 입어 패배 의식을 심어주기보다는 잘못한 것 없으니 끌려가도 당당한 모습을 보여주는 게 낫다고 생각해. 실제로 연행자들은 몇 명을 빼고는 바로 다 석방되더라고.

아무튼 바로 그날, 우리 서광에도 안 좋은 일이 시작되었어. 회사가 작업에 관한 여러 가지 빡빡한 새 규칙들을 만들어 공고하고 이를 어기면 중징계한다고 선포하자 라 형은 즉시 잔업 거부를 선포했는데 현장 분위기가 고조되다 보니 다음 날 오전에도 작업이 이뤄지지 않아 자연히 파업이 되어버린 거야.

이번 파업도 노조에서 먼저 계획을 짜고 일으킨 게 아니라, 회사에서 공격을 해오니 지부장이 즉자적으로 선언한 거였는데 결과는 안 좋게 흘러갔어.

작업 거부가 시작되자 형사들과 안기부 요원들이 회사 안에 들어와 불법행위를 엄단하겠다고 위협했어. 앞서 일어났던 파업까지 들먹거리며 즉시 작업을 개시하지 않으면 지부장을 비롯해 임원진을 모조리 구속하겠다는 거야. 베어링 사건만 봐도 엄포만은 아님을 알 수 있었지. 게다가 노동부 근로감독관은 지부장 선출 자체가 불법이니 고발한다고 물고 늘어졌어.

준비되지 않은 두 번째 파업이 터지자 노조 집행부 내부에서도 파업에 대한 반대가 드세졌어. 지금까지 제일 앞장서왔던 노민추 회원들

내부에서도 지부장이 무책임하게 파업을 남발한다는 비판이 쏟아졌어. 조합의 내부 역량을 다지고, 싸우더라도 계획적으로 싸워야 한다는 거지. 라 형에 대해 전투적 조합주의자니, 소영웅주의자라는 비판까지 나왔어.

파업을 지지한 것은 나를 비롯한 몇 사람뿐이었어. 반대파였던 어용 세력도 아니고 가장 가까운 집행부 내부에서 비난을 받으니 라 형은 몹시 곤혹스러워했지. 그렇다고 이미 벌어진 파업을 수습할 능력도 없었어. 집행부의 우려와 달리, 조합원들의 호응도가 너무 높았기 때문이야.

안팎으로 궁지에 몰리게 된 라 형이 돌연히 사라진 것은 파업 사흘째였어. 파업이지만 농성은 아니어서 집이 밖에 있는 조합원은 퇴근했다가 다시 출근했는데 라 형은 회사 밖에 나오면 체포될 처지라 조합 사무실에서 기숙하고 있었는데 감쪽같이 사라져버린 거야.

놀란 간부들은 지부장을 찾아 회사 안을 샅샅이 뒤지고 자취방으로, 서노협으로 찾아가보았지만 어디에도 없었어.

"우리 지부장 어디 숨겼냐?"

"지부장 내놔라!"

사무실에 몰려가 항의하니 관리자가 나와서 지부장은 어제부로 회사에 사표를 쓰고 퇴직했다는 거야. 사실임을 확인하고 마당으로 나온 우리는 넋이 빠져 아무 말도 할 수가 없었어. 실망과 분노뿐이었지.

우는 간부도 있었지만, 나는 밀려오는 배신감이 너무 커서 눈물도 안 나왔어. 그토록 친했던 사람이 내게조차 한마디 없이 이렇게 사라지다니, 상실감과 허탈감에 나는 앉은 자리에서 담배 한 갑을 거의 다 피웠어. 정말 미쳐버리겠더라.

라 형의 고충을 이해하지 못하는 건 아니야. 지금까지 함께해온 노민추 출신들까지 비난에 나서니 더 힘들었겠지. 그러면 자신의 몸을 불살라서라도 노조를 사수하려던 영등포의 노조위원장 형님은 무언가? 자기 몸에 기름을 부은 베어링노조 사무장은 무어란 말인가? 아무리 힘들더라도 동지의 약속은 지켜야지. 도저히 감당을 못 하겠다면 최소한 동지들에게 그만두겠다고 이야기는 했어야지. 물론 우리는 절대 나가면 안 된다고 반대했겠지만, 최소한 말이라도 하고 사라지면 이렇게 황당한 꼴을 당하지는 않을 거잖아?

라 형의 경솔한 처신은 노조 간부들에게 너무 큰 충격을 주었어. 조합원들 앞에 할 말이 없어진 거야. 우리는 쟁의를 중단했고, 작업은 재개되었어. 지부장이 노무과장과 결탁했다느니, 돈 먹고 퇴사했다느니 온갖 악소문이 돌고 있으니 어떻게 수습해야 할지 난감하기만 했어. 다들 침통한 표정으로 입을 다물고 있었지.

그런데 다시 며칠 후, 돌연 라 형이 지부 사무실에 나타났어. 이건 또 무슨 일인가, 긴급히 집행부 간부 회의가 소집되었지.

라 형은 먼저 자신이 일방적으로 퇴사를 한 것에 대해 거듭 사과하고 왜 그래야 했는지 해명했어. 자신이 법적 절차를 밟지 않고 박수로 지부장이 됨으로써 지부의 존립 자체가 위태롭다는 것, 위장취업자로 찍힌 자신이 지부장으로 있는 한 회사의 도발과 경찰의 표적 수사로 노조의 정상적인 활동이 불가능하다고 말했어. 자기가 물러나고 제대로 법적 절차를 밟아 새 지부장을 뽑아야 노조가 살 수 있다는 생각으로 사직을 했다는 거야.

아무리 좋게 들으려 해도 용납해주기 어려운 자기변명이었지. 지부장 선출 과정이 잘못됐다면 정식으로 선거를 치르면 그만이잖아. 사람들은 라 형이 감옥 가기 싫어서 도망간 거라고 비난했어.

"구속되는 게 그렇게 무서워요? 그럼 지부장을 맡지 말았어야지!"

라 형은 지부장으로서의 능력에 한계를 느꼈다고도 했어. 집행부 내부의 라 형에 대한 불만을 잘 아는 나로서는 그 마음이 이해되지 않는 건 아니지만, 잘못한 건 확실했지.

"퇴사한다 해도 우리와 상의를 했어야지! 조직이란 게 뭔데? 노조란 게 뭔데?"

흥분한 간부들이 이때부터 쏟아낸 분노를 여기에 다 쓰고 싶지는 않아. 아무런 계획이나 절차도 없이 분위기에 따라 파업을 선포하고 뒤책임을 지지 못하는 데 대한 비판부터 노동운동가의 기본자세까지, 집행부 간부들의 울분은 여기에 적지 않아도 상상이 될 거야.

어느 정도 흥분이 가라앉고, 라 형은 자기는 운동을 포기한 것이 아니며 회사로부터 어떠한 금품도 받지 않았다고 말했어. 여성 사업장에서의 활동에 한계를 느낀 것은 사실이며, 인천의 직업훈련소에 들어가 용접 기술을 배워서 금속 계통 남성 대공장에 취업할 거라고 했어.

아무리 분개해도 이미 벌어진 일을 돌이킬 수는 없었지. 우리는 최대한 빨리 조합원 총회를 열어서 법률에 따라 무기명 비밀투표로 새 지부장을 선출하기로 결정했어.

이에 따라 1989년 새해가 시작되는 1월 4일에 조합원 총회를 열어 새 집행부를 선출하기로 했어. 현재 분위기로는 여전히 우리 민주파가 절대다수의 지지를 받고 있어. 지부장의 사표라는 황당한 사건에도 불구하고 조합원들이 여전히 우리를 지지하는 이유는 특별히 너그러워서가 아니야. 그만큼 민주노조를 갈망한다는 뜻이야.

이상이 지난 한 달 사이 서광에서 벌어진 일들이야. 여론으로는 우리가 앞서지만 안심할 수는 없어. 겨우 하루 주어지는 신정 휴일은 짧아서 어차피 고향에 못 가니 연희라도 만나러 가려 했는데 선거운동 때문에 못 볼 것 같아.

문득 슬퍼진다. 문득 지난번 답장에서 연희가 한 말이 떠올랐거든. 연희는 말했지. 아무리 시간이 없다고 동대문에 한번 올 시간도 없느냐고, 내가 연희를 피하고 있는 건 아니냐고. 어쩌면 그 말이 맞는지도 모르기에 슬퍼진다. 언제 어떻게 될지 모르는 위험으로 둘러싸인 내가 무의식적으로 연희를 멀리하려는 건 아닐까? 나는 안정적인 삶을 바라는 연희를 행복하게 해줄 수 없다는 생각에 나도 모르게 피하고 있는 건 아닐까?

생각하지 말자. 약속할게. 구정 휴가는 사흘은 될 테니까 그때는 꼭 볼 수 있도록 할게. 아니, 그전에라도 노조가 안정되면 꼭 갈게.

미안해. 그리고 사랑해.

쟁의부장 오빠

연희, 보내준 편지 잘 받았어.

걱정으로 가득한 연희의 편지를 읽노라니 가슴이 저려오더라. 미안해. 연희의 간절한 소망과 달리, 나는 점점 더 험한 상황에 빠져들고 있기에 더 그랬어. 내 앞에는 바람과 파도로 소용돌이치는 광활한 바다가 기다리고 있지만, 나는 이제 내가 떠나온 항구로 돌아갈 수 없어.

1989년 1월 4일 조합원 총회에서 민주파 후보가 새 지부장에 선출되었어. 조합원에 의한 직접 투표로 진행했는데 압도적인 표차로 당선된 거야. 개표를 시작하자마자 이미 판세가 결정 났을 정도였지.

나는 새 집행부에서는 쟁의부장으로 임명되었어. 여러 해 동안 노민추 활동을 해온 강단 있는 여성 동지들이 여럿임에도 문화부 차장밖에 해보지 못한 내가 쟁의부장을 맡은 건 솔직히 말하자면 유일한 남성이기 때문이야.

재단반과 완성반 남자 중에 민주파로 넘어왔던 이들이 여럿 있지 않았냐고? 맞아. 그런데 또다시 거리가 멀어졌거든. 원칙적이고 예민한 여성들이 주도하는 게 기분 나빴을까? 새 집행부가 선출되는 과정부터 남자 조합원들과 노민추는 사사건건 부딪더니 예전처럼 서로 원수 같은 사이가 되어버렸어.

새 집행부가 남자 조합원들을 포용하지 못하고 너무 경직되게 대했든, 아니면 그 사람들이 회사의 계략에 넘어갔든, 그런 사람들을 집행부로 끌어들일 수는 없었어. 결국 남자 중 유일하게 내가 집행부가 된 거야. 그것도 맨 앞에서 싸워야 하는 쟁의부장으로. 남자들이 전부 반대파가 되어버린 상황에서 쟁의부장이 만만해 보이면 안 되거든. 그러니 나는 아무리 힘들어도 그만둘 수 없는 처지가 된 거야.

한동안 우왕좌왕하던 자본과 정부는 이제 정신을 차렸는지 대세를 역전시키기 위해 대대적으로 반격해오고 있어. 노태우 정권은 집권 1년이 된 지난해 연말부터 공개적으로 노동운동을 저격하기 시작했어. 1988년 12월 28일 담화를 통해 노동운동을 '폭력혁명으로 체제를 전복하려는 세력'으로 규정하고 자유민주주의를 수호하기 위해 전선을 만들어야 한다고 발표하더니 며칠 후인 1989년 1월 2일에는 노사분규 현장에 공권력을 투입하겠다고 공언했어.

서광의 새 집행부가 선출된 날이 정부 발표 바로 이틀 뒤이니 우리는 시작부터 정부와 정면으로 맞부딪치게 된 거지.

자본의 대반격은 지난 연말 성수동에 있는 모토로라 노동조합에 대한 탄압부터 시작되었어. 노태우는 서울시를 순시하면서 지하철노동자의 투쟁에 강력히 대처하라고 직접 지시하기까지 했어. 일선 경찰에 'M16' 자동소총을 지급해 노동자나 농민, 학생의 집회 시위 때 위급할 경우 발포하라고 지시했다는 소문도 있어. 아무리 자본가의 이익을 대변하는 자본주의 정부라도 명분상으로는 모든 계급과 계층의 이익을 조화시킨다고 듣기 좋게 말하는 법인데, 일국의 대통령이 총기를 지급하라고 지시했다니, 만약 사실이라면 참 기가 막힌 일이지.

정부의 강경책은 베어링노조도 타격했어. 지난번 화염병 투척 사건으로 연행되었던 노동자 중 신혼 초인 부위원장을 포함해 5명이 구속된 거야. 구속자 중에는 갓 스무 살이 넘은 쟁의부장도 있는데 나처럼 노동운동을 시작한 지 몇 달도 안 된 초보자래. 그 친구는 화염병 제작이나 투척과는 상관이 없는데도 다른 사람들이 피해를 입을까 봐 쟁의부장인 자기가 뒤집어쓰고 감옥에 갔대.

쟁의부장은 이렇게 경찰의 표적이기도 하지만, 그래서 더 멋진 자리이기도 해. 점심시간에 식당에서 집행부가 앞에 나란히 서서 노조 활동을 보고하곤 하는데, 내가 등장하면 여성조합원들이 떠드는 소리가 다 들려.

"어머, 저 오빠 멋지다!"

"쟁의부장 오빠 너무 잘 생겼지?"

여기저기서 소리가 들리면 나는 얼굴이 빨개질 수밖에 없어. 내가 창피해서 겸연쩍게 웃으며 손이라도 살짝 들어주면 무슨 연예인에게 하듯 소리를 지르기도 해. 싫지 않은 장난이야. 그렇다고 여성 조합원들과 개인적으로 다정하게 이야기를 나누거나 살갑게 대하는 경우는 없으니 질투는 하지 마. 구설수에 오를까 봐 조심하는 게 아니라, 원래 내 성격이 그러니까.

생각해보면 전태일 열사는 살아온 과정은 나하고 비슷한데 성격은 많이 달랐던 것 같아.

전태일 열사는 부모 형제와 친구들, 직장 동료며 동네 사람들에게도 자신의 감정과 생각을 가감 없이 털어놓았어. 자기가 읽은 소설이나 영화 이야기를 재미있게 각색해 들려주기도 하고 평화시장의 불쌍한 시다들 얘기도 많이 했대. 일기도 많이 써놓고 자신의 삶을 소설 형식으로도 여러 편이나 썼지. 그의 글들을 정리한 게 바로『전태일평전』이니까.

반면에 나는 필요한 말만 한마디 툭 던지는 식이지. 조합 활동을 하면서도 별로 달라지지 않았어. 조합원들을 만나거나 집행부 회의 때도 꼭 필요한 말만 하고 말아. 내가 무슨 생각을 하고 있는지, 기분이 어떤지는 말이 아니라 행동으로 나타난다고 보면 돼. 조합 활동을 위해서는 좀 달라져야 한다는 생각도 들지만 타고난 성격이 그런 걸 어떻게 해.

성격은 고치기 어렵더라도, 나는 전태일 열사처럼 살고 싶어. 그렇지만 다른 사람들도 나처럼 생각하는 건 아니더라. 이번 달의 소모임 교재는『전태일평전』이었는데 내 예상과 달리, 책을 읽은 반응은 제각각이었어.

지물포 방에서 열린 공부 모임에서 나는 전태일 열사의 삶과 투쟁, 그리고 죽음에 깊이 공감하고 이렇게 말했어.

"나는 연약한 여공들을 위해 자신을 바친 전태일 열사를 존경합니다. 노조 간부라면 전태일 열사처럼 언제든 자기 목숨을 바칠 각오로 살아야 한다고 생각합니다."

다른 사람들도 전태일 열사의 따뜻한 이타심에 대해서는 다들 공감했어. 그러나 분신으로 저항한 데 대해서는 생각이 달랐어. 집행부 중에는 전태일 열사가 분신한 평화시장에서 기술을 배운 미싱사가 여럿 있어. 평화시장이 얼마나 힘든 곳인지, 얼마나 인간 이하의 대우를 받는 곳인지를 잘 알고 있지. 그럼에도 다들 분신은 옳지 않다고 말했어.

"전태일 열사를 너무 우상화하는 건 아닌가요? 올바른 사람이란 건 알겠는데요, 왜 분신까지 했는지는 이해가 안 돼요. 나는 분신은 정말 아닌 것 같아요."

"저도 분신에는 공감이 되지 않아요. 그래서 남은 게 뭘까요? 전태일 열사가 분신을 해서 세상이 뭐가 바뀌었나요? 나는 분신이라는 투쟁 방식은 틀렸다고 생각해요."

다들 같은 의견이었어. 나는 전태일 열사가 왜 위대한 사람인가를 설명하려 했지.

"전태일 열사가 왜 위대한가 하면, 자기 자신의 월급을 더 올려달라거나 그런 게 아니라, 자기가 아닌 연약한 나이 어린 여공들을 위해 목숨을 바쳤다는 데 있다고 생각합니다."

"그건 좋은데요, 꼭 분신을 선택해야 했을까요? 그렇게 똑똑하고 순수한 사람이 지금까지 살아서 노조를 이끌면 훨씬 큰 도움이 되지 않았을까요?"

누구의 생각은 옳고 누구의 생각은 틀렸다는 문제는 아니었지만, 나는 다른 부장들을 설득하지 못했고, 부장들도 나를 설득하지 못했어. 나는 노트에 이렇게 적어놓았어.

　'분신은 투쟁 방식의 하나인가?'

　분신이 하나의 투쟁 방식에 불과하다면 그건 분명히 틀린 방식이겠지. 차라리 고문치사 당하거나 최루탄에 맞아 사망하면 국민의 분노를 일으킬 수 있지만, 분신의 영향은 훨씬 적으니까. 오히려 가까운 사람들에게 크나큰 마음의 상처만 남길 수 있겠지.

　나는 전태일 열사가 투쟁의 방식으로 분신을 택한 게 아니라고 생각해. 몇 해 전에 독산동에서 분신한 박영진 열사도 마찬가지야.

　이 세상이 아무리 크다 해도, 이 지구와 우주가 아무리 넓다 해도, 한 인간에게는 그의 생명이 끝나는 순간 사라져버리는 환영에 불과해. 인간의 생명은 하나하나가 곧 세상 전부인 거야. 이런 귀한 생명이 걸린 일을 어떻게 잔업 거부를 할 것인가 아니면 전면파업을 할 것인가와 같은 투쟁 방식과 비교할 수가 있겠어? 분신은, 세상을 위해 바칠 거라고는 자신의 몸뚱이 하나밖에 없는 노동자가 보다 나은 세상을 위해 스스로 희생양이 되고자 하는, 성스러운 결단이야. 적어도 나는 그렇게 생각해.

　집행부와 핵심 조합원들은 이렇게 소모임을 만들어서 『전태일평전』이나 『소외된 노동의 역사』 같은 책을 공부하고 있는데 조합원들에게는 점심시간마다 식당에서 직접 노동법을 가르치고 있어.

　노동법 공부는 시시해 보일 수도 있지만, 그렇지 않아. 노동자가 노동법을 아는 것을 제일 싫어하는 사람이 자본가인 점만 봐도 알 수 있어. 왜냐하면 노동자들이 권리의식을 찾는 첫걸음이기 때문이야.

"조합원 여러분! 노동법을 왜 배워야 합니까? 내가 일한 것은 내가 계산할 줄 알아야 하기 때문입니다. 우리가 공장에서 이토록 고생하는 것은 돈을 받기 위함이죠. 우리 노동자의 삶은 돈하고 직결되어 있어요. 내 노동의 가치는 내가 찾아야 해요. 내 노동의 가치를 내가 정확하게 받으려면 노동법을 알아야 합니다. 아시겠지요, 여러분?"

노동법 공부가 실생활에 필요한 기초적인 공부라면, 사회과학 공부는 인간의 역사를 앞으로 굴려나가는 근본적인 동력이 무엇인지, 자본주의의 근본적인 모순은 무엇인지를 배우는, 보다 심화된 학습이야.

학습은 단결과 함께 노조를 이끄는 두 개의 바퀴야. 해마다 회사가 남긴 이익이 얼마고 물가가 얼마가 올랐으니 임금도 얼마를 올리라는 식으로 금전적 요구만 되풀이한다면, 회사가 살아야 노동자도 산다는 경제 논리에 빠져버리고, 노동조합은 수많은 이권 단체의 하나로 전락하고 말 거야. 기업가들도, 국회의원들도, 의사와 변호사들도 다 가지고 있는 이권 단체의 하나로 말이야.

지난주에 열린 경기 남부 민주노조 회의에 집행부 몇 명과 참석했는데 시흥에 있는 자동차회사 노조위원장도 왔어. 그런데 기사가 딸린 고급 승용차를 타고 왔더라고. 조합비로는 신문 만들기도 부족해 개인 월급을 털어 활동하는 구로공단의 중소기업 노조 간부들은 다들 멍하니 쳐다보았지. 그래도 자동차 만드는 회사니까 전용차까지는 이해해줄 수도 있었어. 그런데 자기네 민주노조에서 만든 교육 교재라며 엄청 두꺼운 자료집을 자랑스럽게 내놓는데, 세계 경제 동향은 어떻고 국내 물가동향은 어떻다는 식의 숫자로 가득한, 대학생이라도 이해하기 어려울 경제학 교재였어.

노동자를 위한 학습이란 게 그런 걸 말하는 게 아니지. 못 배운 한으로 대학에 가고 싶어 공부하는 과목과 진정 노동자를 위한 공부는 다른 거라고 봐. 차라리 우리처럼 노동자의 실생활에 필요한 노동법을 가르치던가. 본인들도 이해 못 할 자본주의 경제학을 뭐 하러 가르치는지 모르겠어.

내가 보기에는 설사 조합원들이 그 복잡한 도표들을 이해하더라도 자본주의경제 논리에 빠지는 데 불과해. 그들은 회사가 얼마를 벌었고 물가가 얼마나 올랐는가 같은 수치를 제시하고 그러니 임금은 얼마를 올려야 한다고 주장하고 있어. 그런 식이라면, 만일 회사가 적자가 나면 임금을 받지 않고 거꾸로 토해내기라도 할 건가? 물가가 안 오르면 임금도 동결시킬 건가?

노동운동이 임금인상에 머물지 않고 근본적으로 세상을 바꾸어 불평등과 억압으로부터 약자를 해방시키려면 인간의 역사를 배우고 노동운동의 역사를 배워야 해. 눈앞의 이익을 넘어 인류의 미래를 고민하는 학습을 해야 해. 그리하여 거대한 정치세력으로 발전해야 해. 그리하여 약자들에게 너무나 가혹한 이 자본주의를 밑바닥부터 뜯어고쳐야 해. 자본주의의 야수성을 고치지 않는 한, 인류에게 평화는 오지 않을 거야. 지배당하고 착취당하는 약자들의 목숨을 건 저항이 계속될 테니까.

정치투쟁을 하지 않으려 해도 안 할 수 없는 게 현실이기도 해. 자본이 왕인 자본주의 세상에서는 노동자의 어떤 권익투쟁도 정치투쟁이 될 수밖에 없어. 이번에 시작된 자본의 대공세만 봐도 알 수 있어. 우리 노동자가 요구한 건 법률로 보장된 단체행동권과 임금인상뿐이었음에도 저들은 국가권력을 총동원해 우리를 탄압하고 있잖아. 노동자로 하여금 정치투쟁을 하지 않을 수 없게 만드는 거야.

연희의 직장과 멀지 않으니 보았을지도 모르겠다. 지난 1월 22일 대학로에 1만5000여 명의 노동자가 집결해 노동법 개정을 요구하는 전국노동자대회가 개최되었어. 4일 후인 1월 26일에는 서울 동국대에서 1000여 명이 모여 노태우 정권의 민중운동 탄압을 규탄하는 집회를 하고 거리로 진출해 결렬한 투석전을 벌였지.

우리 서광 조합원들은 동국대 시위에는 가지 못했지만 대학로 집회에는 꽤 많이 참가했어. 혼자가 아니라는 것처럼 힘이 되는 게 있을까? 이화동에서 명륜동까지 도로를 가득 메운 노동자들과 머리 위로 흩날리는 수많은 깃발들이 얼마나 내 가슴을 설레게 했는지 몰라. 나도 처음부터 끝까지 우리 서광노조 깃발을 지키고 있었어.

아쉬운 건 조합원들을 이끌어야 하는 쟁의부장이라서 멀지 않은 곳에 연희가 있음을 알면서도 들르지 못한 거야. 구정 휴가 때는 꼭 만나보려고 약속까지 했음에도 끝내 어겨 미안했는데, 이번에도 그랬어. 집회가 끝나고 전철을 타러 가는 길 양편으로 빼곡히 늘어선 수천 명의 전투경찰 사이로 조합원들만 걸어가게 할 수는 없었거든.

조합원들을 무사히 기숙사까지 들여보내고 나서야 연희를 보지 못한 아쉬움이 밀려오더라. 다른 민주노조 쟁의부장들과 어울려 가리봉 시장에서 순대에 막걸리를 나누면서도 자꾸만 연희 생각이 났어. 가만히 있어도 숨이 막히는 비좁은 다락방에서 1주일에 70시간씩 재봉틀을 돌리고 있는 연희 생각. 가난한 노동자들의 비애가 암흑처럼 뒤덮고 있는 슬픈 평화시장, 해가 떠 있는 하루의 모든 시간을 앞도 뒤도 돌아보지 못하고 오로지 재봉 바늘만 바라보며 나를 기다리고 있을 연희가 생각났어.

연희, 미안해.

보고 싶다, 사랑해.

옛날로 돌아갈 순 없다

사랑하는 연희!

우리 노동자를 굴종의 철창 속에 가두려는 저들의 공세는 점점 거세지고 있어. 노동자가 조용해져야 나라가 산다는 자본의 속삭임은 중산층을 흡수하고 노동자들 속으로도 내밀하게 퍼져나가고 있어. 신문과 방송은 우리가 폭행당하는 광경은 뒤로 숨기고, 노동자가 무리한 요구를 내세운 과격 시위를 벌이고 있다며 경제위기설을 부채질하고 있어.

나는 지금까지 경제 상황이 좋다는 언론 기사를 본 적이 없는 것 같아. 올해만이 아니라 예전부터 그랬어. 매년 경제가 어렵다, 위기라고 떠들지. 그런데도 기업들은 점점 커지고 나라는 점점 부자가 되었어. 언론들이 무슨 목적으로 해마다 경제가 어렵다고 떠드는지 이제는 알 것 같아. 노동자로 하여금 더 굴종하고 인내하라는 거지.

노동자의 희생 위에 경제가 좋아진들 무슨 소용이란 말인가? 나는 외국 도시에 서 있는 삼성이나 럭키금성의 광고판을 보고 민족적 자부심은 느낄지 몰라도, 그 회사들이 내 것이라도 되는 양 흥분하는 바보는 아니야. 도로에 늘어나는 고급 승용차들이며 치솟는 고급 아파트 어느 하나도 자기 소유가 아닌데, 우리나라는 부자 나라라고 자부심을 갖는 바보 같은 서민으로 살지는 않을 거야.

나는 나라가 부유해지려면 노동자가 더 희생해야 한다는 가진 자들의 논리를 용납할 수 없어. 불평등과 억압을 받아들이도록 교묘하게 설득하는, 많이 배운 자들의 위선을 용서할 수 없어.

나는 이제 투쟁하는 노동자가 되었어. 복종하는 노동자가 아니라 투쟁하는 노동자가 되었어. 인간 사회에 불평등과 억압이 존재하는 한, 나의 투쟁은 멈추지 않을 거야. 목숨이 다할 때까지 계속할 거야.

요즘 서노협 구로지구위원회는 민주노조 활동을 강화하기 위해서 부서별 모임을 활성화하고 있어. 조직부장 모임, 문화부장 모임 같은 부서장들의 모임들인데 나는 당연히 쟁의부장 모임에 들어갔지. 우리는 1주일에 한 번씩 회의도 하고 수련회도 가기로 했는데 지난번 모임에서 제2공단에 있는 음향기기 공장의 여성 쟁의차장이 한 발언을 잊을 수 없어.

"제가 노조 결성에 앞장선 이유는 노조라는 합법적인 공간 속에서 우리 노동자가 생산의 주체라고 자신 있게 말하고, 현장을 우리 것이라고 말하고 싶었기 때문입니다. 우리의 단결된 조직 안에서 교육도 하고 문화 활동도 하고 그런 공간을 꿈꾸었습니다. 조합을 만들고 보니 가장 좋은 것은 자유였습니다. 생리휴가니 연월차 휴가를 내가 필요할 때 쓸 수 있는 자유가 제일 좋았어요. 법으로 보장되어 있다지만 지금까지는 아무도 자신 있게 요구하지 못하고, 용기를 내어 말해봐야 반장에게 면박만 당했지요. 그러나 이제는 당당하게, 자유롭게 휴가를 신청할 수 있다는 것! 진짜 이것이 자유로구나! 노조라는 힘이 이렇게 크구나! 노조가 없을 때는 감히 몸이 아프다고 쉬고 그럴 수도 없었잖아요!"

쟁의차장은 솔직하게 말했어.

"나는 내 삶을 개척할 수 있기에 노조 일을 시작했습니다. 누군가 다른 사람을 위해 노조를 해야 한다면 나는 못 할 것 같아요. 이제 나는 자신감 있게 살 수 있습니다. 전에는 수줍음이 많아서 버스노선 묻는 것조차 주저했는데 노조 활동을 하면서는 바뀌었어요. 나 자신과 남들에게 떳떳해졌으니까요. 노조를 하면 좋겠다는 의지만으로 시작하다 보니, 이전처럼 산다면 만날 필요가 없던 여러 종류의 사람들을 만나면서 힘들고 버겁기도 했어요. 때로는 책임감이나 강박관념에 힘들기도 하지요. 그렇지만 노조를 한다는 긍지를 잃어본 적은 없어요. 쟁의부 차장이라는 게 자랑스럽습니다."

이 얼마나 소박한 마음이야! 그러나 저들은 노동자들의 이 작은 소망들조차 용납하지 않아. 철저히 짓밟아 뭉개려 할 뿐이야.

지난번 편지에서 1월 22일 대학로 집회에 갔던 이야기를 했었지. 그때만 해도 비교적 평화롭게 마무리가 되었어. 그런데 이번 2월 19일에 열린 대학로 집회는 경찰의 원천 봉쇄와 폭력 진압으로 난장판이 되고 말았어.

이날 집회에서도 지난번과 같이 노동운동에 대한 탄압을 중단하고 노동악법과 반민주악법을 철폐하라는 요구를 내세웠는데 정부의 대처는 전혀 달랐어. 지난번에도 수천 명 경찰이 배치되었지만 충돌하지 않았는데, 이번에는 대학로로 통하는 주변 도로를 1만5000명의 경찰로 차단하고 대학로로 향하는 노동자들을 무차별 연행했어. 저항하는 노동자들은 그 자리에서 곤봉과 구둣발에 짓밟혀 철창 버스에 실려 갔지. 종로 4가부터 명륜동, 동대문까지 수 킬로미터 구간이 살벌한 공포로 뒤덮여 집회는 무산되고 말았어.

이날 경찰의 폭행으로 다친 노동지는 300명이 넘고 연행자는 2500명에 이르렀어. 연행하는 과정에서 벌어진 폭력의 잔인함은 숫자로 나타낼 수도 없었지. 열여섯 살 소년의 다리가 부러지고 취재하던 기자들까지 경찰에 폭행당했으니까.

연희에게 말할까 말까 약간 고민되지만, 실은 나도 연행되었어. 전철 출구로 올라가자마자 양쪽에 대기하고 있던 전경들이 서광 조합원을 끌고 가려는 걸 뛰어들어 막다가 곤봉에 두들겨 맞고 철창 버스에 실린 거야.

난생 처음 경찰에 끌려가니 처음에는 겁도 나고 긴장되었어. 버스에 올라가니 전경들이 체포한 남녀 노동자들을 좌석에 앉혀놓고는 고개를 들지 못하도록 긴 몽둥이를 휘두르는데, 뒤통수를 한 대 맞고 나니 얼마나 아픈지 저항을 할 수가 없었어. 등을 잔뜩 구부려 머리를 앞좌석 등받이에 처박고 있으려니 수치심과 분노가 끓어올라 어쩔 줄을 모르겠더라.

　얼마나 그러고 있었나, 버스가 출발했는데 얼굴을 박고 있으니 어디로 가는지도 알 수 없었어. 달리는 버스 안에서도 전경들은 쉴 새 없이 욕설을 퍼부으며 고개를 들지 못하도록 몽둥이를 휘둘러댔어. 그런데 버스가 신호 대기로 멈췄을 때였어. 갑자기 뒤쪽에서 요란한 고함이 터지면서 와당탕탕탕 해. 어느 노조에서 왔는지 알 수 없는 남성 노동자 하나가 들고일어난 거야.

　"야, 이 새끼들아! 우리가 뭘 잘못했다고 끌고 가냐? 때리긴 왜 때려? 이 새끼들 다 죽여버릴 거야! 노동자 여러분, 뭣들 합니까? 여러분은 자랑스러운 노동자 아닙니까? 다 같이 일어나서 폭력 경찰들 박살 냅시다!"

　용기를 내어 고개를 들어보니 비좁은 버스 통로 뒤쪽에서 작업복 차림의 남자 노동자 몇 사람과 전경 둘의 격투가 벌어지고 있었어. 알고 보니 버스 안의 전경은 겨우 6명뿐인데 수십 명이 머리를 박은 채 당하고 있던 거야. 그놈들이 수적으로 열세인 걸 감추려고 우리의 고개를 처박게 했던 거지.

　마침 앞쪽의 전경 하나가 지원을 하려고 뒤로 달려가려 했어. 내가 벌떡 일어나 전경의 곤봉을 잡았지. 거의 동시에 다른 노동자가 전경의 투구를 벗겨버렸어. 갓 스물이나 될까, 앳된 얼굴에 안경까지 쓴 녀석이었어. 곤봉을 빼앗기지 않으려고 버둥대던 녀석은 앞쪽으로 도망쳤어.

　"전경 놈들 박살 냅시다!"

고개를 처박고 있던 남녀 노동자가 전부 자리에서 일어나 고함을 치기 시작하자, 뒤에서 격투를 벌이던 전경들도 통로 양쪽에서 쏟아지는 주먹을 맞으며 출입구가 있는 버스 앞쪽으로 달아났어. 겁먹은 전경들이 운전석과 출입구를 지키며 곤봉을 휘둘러대니 버스를 세우거나 내릴 수는 없었지만, 전세는 완전히 역전되었지.

"폭력 정권 타도하자!"

"전투경찰 해산하라!"

다 같이 구호를 외쳐대며 발을 쾅쾅 구르니 버스가 흔들흔들했어. 다들 신이 나서 데모 노래를 부르고 함성을 질렀어.

버스가 한강대교를 건너 노량진경찰서에 도착하니 버스 출입문부터 경찰서 현관까지 양쪽에 몽둥이를 든 전투경찰과 형사 수십 명이 늘어서서 소리치는 거야.

"고개 숙이고 뛰어가, 이 새끼들아!"

대학생들은 용감무쌍하게 화염병을 던지고 투석전을 벌이다가도 일단 체포되면 기가 죽어서 시키는 대로 다 한대. 우리 노동자는 그런 게 어딨어? 우리가 잃을 게 뭐가 있어? 남녀 할 것 없이 내리자마자 경찰과 난투극을 벌였어.

"비켜, 이 새끼들아! 길 가던 사람을 왜 연행하는 거야?"

맨몸의 우리가 격투 훈련을 받은 데다 몽둥이를 든 놈들에게 이길 수는 없지. 그러나 상관없었어. 우리의 앞길을 막는 자는 그 누구든 우리의 적일 뿐이야. 적들에게 무슨 말이 필요하겠어?

한바탕 소동 끝에 경찰서 맨 위층의 체육관에 올라가 보니 먼저 잡혀온 노동자들이 줄지어 앉아 있었어. 그런데 뒤쪽에서 젊은이 몇이 전경들로부터 기합을 받고 있는 거야. 연대 투쟁을 온 대학생들이었어.

"폭력 경찰 물러가라!"

"군부독재 타도하자!"

우리가 구호를 외치며 들어가니까 용기를 얻은 여성 노동자 하나가 벌떡 일어나 뒤에서 기합 받던 대학생들을 향해 소리쳤어.

"학생 여러분! 뭣들 하는 겁니까? 무슨 죄로 기합을 받습니까? 당당히 싸웁시다!"

앞쪽에 늘어서서 감시하던 전경들이 여성 노동자에게 욕을 퍼부으며 앉으라고 소리쳤어. 우리가 가만히 있을 수 없지. 내가 제일 먼저 고함쳤어.

"이 새끼들아! 어따 대고 욕이야? 맞아 죽고 싶냐?"

또 한바탕 난투극이 벌어질 판이었는데 수적으로 불리해 보였는지 형사들이 전경들에게 가만히 있으라고 지시하면서 가라앉았어.

시위하다가 잡혀서 경찰서에 수용되면 정좌하고 앉아 차례로 조사를 받는다는데, 우리 노동자들은 남자, 여자 할 것 없이 바닥에 눕기도 하고 물을 달라, 추우니 보일러를 더 틀어라, 소리치며 계속 시비를 걸었지. 심문조서 작성에 아예 응하지 않은 사람도 있었어. 나는 형사 앞에 가서 그냥 길 가다가 잡혀왔다고 실업자라고 끝까지 우겼지. 워낙 조사할 사람이 많고 시위하다 잡힌 게 아니라서인지 추궁도 하지 않고 그대로 받아 적더라.

처음에는 두려웠지만, 나중에는 재미까지 있던 하룻밤이었어. 다음

198

날, 아침 일찍 풀려나 회사로 돌아가니 다들 얼마나 반가워하는지 몰라. 펄쩍펄쩍 뛰며 기뻐하는 집행부를 차례로 끌어안아주었지. 다행히 서광 조합원은 아무도 연행되지 않았더라고.

석방된 게 즐거울 수만은 없었어. 나는 풀려났지만, 연행자 중에 많은 이가 풀려나지 못했고 격투 과정에서 부상당해 입원한 노동자도 많았어. 자본가 정권의 탄압이 이제 본격적으로 시작되었음을 실감한 날이었지.

바로 다음 날인 2월 21일, 울산 현대중공업에서 충격적인 소식이 날아왔어. 지난 12월에 현대그룹 본사 앞에서 상경 투쟁을 하다가 베어링 투쟁 현장에 긴급 지원을 왔던 조선소노동자들이 무자비한 테러를 당한 거야.

현대중공업 노조는 상여금 600%, 각종 수당 2만 원 인상, 퇴직금 누진제, 주 44시간 노동을 요구하며 해가 바뀐 지금까지 장기 파업을 벌이고 있었어. 그런데 그날 오전, 결사대 조합원들이 경비실 앞을 지나며 구호를 외치고 있는데 갑자기 경비원이 휴지통으로 쓰는 항아리를 던지더래. 항아리가 한 조합원의 머리를 스치고 날아가 박살이 나자 그 조합원이 왜 폭력을 쓰냐고 항의했어. 그러자 경비들은 깨진 항아리 조각을 집어 마구 던지기 시작했고 결사대 조합원들도 소리치며 맞섰지.

베어링노조 투쟁에 지원 왔을 때도 일체 폭력을 쓰지 않고 화염병도 던지지 않았던 조선소노동자들이야.

"비폭력! 질서 유지!"

항아리에 맞을 뻔한 조합원이 양쪽 사이에 뛰어들어 소리치며 싸움을 말리려 하자 경비들은 각목, 쇠파이프, 유리병을 들고 그를 에워싸고 욕을 퍼부으며 집단 폭행을 해댔어. 조합원은 반실신 상태에서도 외쳤어.

"폭력을 하지 마십시오!"

이때 총무과장이 경비대를 소리쳐 부르자 뒤편에 대기하고 있던 경비와 관리직 50여 명이 일제히 몰려왔어. 손에는 식칼, 단도, 쇠파이프, 각목, 가스총 같은 흉기가 들려 있었어. 미리 준비한 게 분명했지.

그들은 닥치는 대로 노동자들을 찌르고 구타했어. 여기저기서 옆구리와 등을 찔리며 피를 흘리며 쓰러지고, 차에 타고 있던 조합원들에게는 소화기가 날아왔어. 노동자들이 흩어져 달아난 경비실 앞 시멘트 바닥은 붉은 피로 얼룩지고 노동자들이 떨어뜨린 안전모와 신발들로 어지러웠어.

이 끔찍한 폭력으로 노동자 두 명이 중태에 빠지고 한 명은 실명 위기에 놓였어. 얼굴과 옷이 피범벅이 된 부상자도 10여 명에 이르렀어. 더 기가 막힌 것은 현장 안에는 형사들이 깔려 있었고 정문 밖에는 1000여 명의 전투경찰이 진을 치고 있었는데 전혀 말리지 않았다는 거야.

구사대가 어떤 사고를 내더라도 회사에서 충분한 금전 보상을 해주고 변호사를 대주겠다고 약속한 게 분명했지. 그러나 구사대에게는 금전 보상도 변호사비도 필요가 없었어. 왜냐하면 그들은 아무런 처벌도 받지 않았거든. 검사들은 오히려 피해자인 노조 간부 5명에 대해서 사전구속영장을 발부해 체포에 나섰어.

이 참혹한 사건이 언론에는 노동자 사이의 분쟁으로 왜곡되었어. 노사분쟁이 아니라, 노노싸움이라는 거지. 이것이 이 사회 내면의 진실이야.

울산에서 올라오는, 살이 갈라지고 피투성이가 된 부상자 사진들을 보고 나니 과격한 유인물에 가끔 등장하는 '적'이라는 표현이 이해가 되더라. 자본가와 그 하수인들이 아무리 밉다 해도 적이라고 부르는 건 너무 심하지 않냐고 생각했었는데, 그게 아니었어. 기본적인 민주주의는 살아 있는 평화 시대이니 이 정도지, 혁명이나 전쟁의 시기가 되면 얼마나 더 산학한 짓들을 할까? 상상만 해도 끔찍한 일이야.

천만 노동자가 한꺼번에 일손을 놓아버리면 저들을 항복시킬 수 있을까? 지난 1월의 대학로 집회 때 연단에 오른 전태일 열사의 어머니 이소선 여사는 말했어.

"노동자 여러분! 우리 노동자가 저 사람들을 이길 방법이 딱 한 가지가 있습니다. 시위를 한다고 백골단과 치고받을 필요도 없고 농성을 한다고 고생할 필요도 없습니다. 우리 1000만 노동자가 어느 하루 날짜를 잡아서 모두 집에서 나오지 않는 겁니다. 며칠도 필요 없어요. 단 하루만, 모든 노동자가 한 명도 빼놓지 말고 집에서 맛있는 밥이나 해 먹고 사랑하는 아이들과 놀아주는 겁니다. 그러면 이 나라가 꼴이 어떻게 되겠습니까? 모든 게 멈추고 맙니다. 단 하루면 저 사람들을 항복시킬 수 있는 겁니다. 안 그렇습니까, 여러분?"

단어 하나, 토씨 하나 안 틀리는 이소선 어머니의 놀라운 말솜씨에 다들 폭소를 터뜨리며 박수를 쳤지. 하지만 그럴 수 없음을 어머니 자신도 잘 아실 거야. 식칼을 휘두른 조선소 경비원과 관리직들처럼, 같은 노동자라도 자신의 이익을 위해 무슨 비열한 짓이든 할 야비한 사람들이 널려 있으니까.

어쩌면 여기까지 온 것만 해도 우리 노동자는 거대한 첫걸음을 디딘 거야. 쟁의부장 모임에서 만난 형님 하나는 여러 해 전부터 구로공단의 현장 소모임에서 활동해왔는데 재작년의 노동자대투쟁 이전까지는 정말 조심스러웠다고 하더라.

현장에서 활동가라는 표시만 나도 바로 경찰에 연행되어 조사받고 친목회를 만들자는 말만 해도 누군가 회사에 찔러서 해고시키니, 티를 내지 않기 위해 지역에 풍물패나 축구회 같은 것을 만들어놓고 알음알음으로 연락해 언제 어디서 모입시다 해서 학습을 했대. 모이면 세상 돌아가는 상황을 공유하고 노동운동사 같은 공부를 하고 각자 현장 상황을 보고했는데 현장에서 싸움을 터뜨리기는 아주 어려웠기 때문에 노동자 주거지에 밤중에 몰래 유인물을 뿌리고 가두시위 때 참석하는 걸로 훈련을 했다는 거야.

7·8월노동자대투쟁이 시작되고서야 서울에서도 선동을 시작했는데 구로공단은 몇 해 전에 일어난 동맹파업의 후유증이 너무 커서 처음에는 조용했대. 서울에서 먼저 터진 곳은 영등포의 큰 공장들이었는데, 현장 조직이 제대로 되지 않았더라도 유인물 한 장만 뿌려도 사람들이 자발적으로 파업에 돌입했다는 거야. 소모임을 해온 노동자들이 자연스럽게 파업 대표가 되고 노조를 결성하거나 어용노조를 몰아내고 집

행부를 장악해나갔지.

구로공단은 영등포의 큰 공장들이 먼저 터지면서 뒤따라 터졌는데 여전히 고전했어. 쟁의부장 형님은 이런 말도 했어.

"종수야. 너는 본 적 없겠지만, 활동가들이 만든 문건들을 보면 기가 막힌 것들이 많았다. 지금이 바로 혁명적 시기다, 곧 민중혁명이 터지니 준비하라는 거야. 민중은 혁명을 원하고 있는데 너희 현장 활동가들은 도대체 뭘 하고 있냐는 거지. 그러는 너희들은 바깥에서 뭐 하는 거냐고 따지고 싶더라."

형님은 중요한 싸움에 항상 앞장섰던 사람이지만 가두시위를 나가도 시민들이 막 호응하고 그러지는 않았다는 거야. 겨우 1년 반 전이잖아. 지금과 똑같이 빨갱이들이라고 삿대질하며 욕하는 사람도 많았대. 시위하다가 최루탄에 쫓겨 시장 골목으로 들어가면 멱살을 잡고 너희들 때문에 장사가 안 된다고 욕하는 상인도 한둘이 아니었다는 거야.

"한번은 우리 조합원들이 파업이 터진 구로공단의 한 공장에 라면과 김치를 싸 들고 지원을 갔어. 그러자 파업 중인 노동자들이 우리 보고 빨갱이들은 꺼지라면서 소방 호스로 막 물을 쏘아대는 거야. 할 수 없이 다 같이 버스를 타고 영등포 성문밖교회로 향했지. 그런데 투쟁이라고 쓴 우리의 머리띠가 눈에 거슬렸나 봐. 버스 기사가 돌연 차를 영등포경찰서로 몰고 들어가더니만 빨갱이들 잡으라고 신고를 하는 거야. 조사랄 것도 없이 항의해서 풀려났지만 참 황당했다."

제2공단에서 일하는 한 여성 쟁의부장도 대파업 당시의 경험을 얘기해주었어. 울산에서 파업 소식이 올라오면서 그녀가 다니는 공장에도 파업에 들어갔대. 아직 현장 조직도 미흡하고 더군다나 파업까지는 생각해본적도 없어서 사실상 준비가 안 된 상태였는데 분위기에 따라 파업을 선동해버린 거지.

야간조부터 파업에 들어가는 바람에 자연스럽게 회사 안에서 1박을 했는데 바로 다음 날 아침, 벌써 구사대가 밀고 들어오더래. 회사에서 미리 준비하고 있던 거지. 파업 주동자들은 조장, 반장들로 이뤄진 구사대에게 머리채가 잡혀 질질 끌려 나가면서 얼마나 많이 맞았는지 모른대. 다들 멍투성이 피투성이가 되어 버스도 못 타고 절뚝거리며 노동상담소에 갔다는 거야. 물론 전원 해고가 되었지.

이런 식으로 여기저기 공장에서 해고된 노동자들은 서해복투에 가입해 수많은 지원 투쟁을 벌이게 된 거야. 악에 바친 서해복투 노동자들은 마포 민주당사에서 농성할 때는 매일 옥상에 올라가 경찰이 진입하면 투신하겠다고 위협하며 맞섰대.

6월항쟁에서 이겼다고 저절로 민주노조가 생긴 것도 아니고, 7·8월 노동자대투쟁으로 민주노조를 결성했다고 해서 자본가들이 태도를 바꾼 것도 아닌 거야. 오히려 민주화가 되었는데 노동자들이 너무 나간다는 식으로 보는 게 야당 정치가들이야. 그들은 노동자의 권력을 위해 서울로 행진하는 노동자들에게 이렇게 외치는 거지.

"이제 민주화가 되었으니 올라오지 마라!"

자기네가 만족하니 우리 노동자도 만족하라는 거야. 자기네의 요구는 정당하고 우리 노동자의 요구는 욕심이라는 거지. 노동자 이기주의라는 거지. 설사 우리에게 필요한 것이 있더라도 잘난 자기네가 정치권력을 잡아서 우리를 대변해줄 테니 너희는 이제 행진을 멈추고 산업현장으로 돌아가 열심히 일만 하라는 거야.

이 나라 정치 돌아가는 꼴을 보면 우리 노동자의 권익은 우리 스스로 쟁취해야 한다는 생각이 들 수밖에 없어. 민주주의를 내세운 야당이나 그 지지자들의 행태를 보고 있노라면 우리 노동자가 여기까지 온 것도 기적이지.

아무튼 선배들이 그 모진 고난을 이겨낸 끝에 이제 전노협이라는 두 번째 큰 걸음이 시작되었어. 영광스럽게도 나도 그 큰 걸음에 한 걸음을 보태게 되었지만, 선배들 못지않은 고난의 길이 될 거야.

서광노조 구로지부는 조합원이 800명이라 구로공단에서는 큰 노조에 들지만, 민주 집행부가 출범한 지 얼마 안 되어 아직 자리를 잡지 못한 상태야. 구로공단 민주노조 중에는 가장 약한 고리라고 불리고 있어. 저들의 표적이 되기 딱 좋은 조건이지.

새 집행부가 출범한 지 두 달째, 아직 준비도 안 된 상황에서 우리의 능력을 시험할 1989년 임금인상 투쟁이 다가오고 있어. 노조를 알고 전태일을 알고 동지들을 만난 것만도 행복했던 지난해 가을은 잠깐 사이에 가버리고, 혹독하게 추웠던 겨울도 지났건만, 겨울보다 더 매서운 봄이 오고 있어.

저들이 공권력과 자본을 총동원해서 민주노조를 깨고 전노협 건설을 막는 이유는 우리를 옛날로 돌아가게 하려는 거야. 그러나 민주노조가 무엇인가를 알게 된 우리는 옛날로 돌아갈 수가 없어. 우리는 결코 돌아가지 않을 거야. 노동자의 미래를 향한 길이 아무리 험난하다

해도, 지금보다 더 빈곤해진다 해도, 굴욕의 옛날로 돌아가지는 않을 거야.

연희, 나를 위해 기도해줘. 쟁의부장으로서 힘든 투쟁을 이끌어가야 할 나를 위해 기도해줘. 그리고 우리 서광 조합원들을 위해 기도해줘. 어떤 시련이 오더라도 이탈하지 않고 다 함께 끝까지 갈 수 있도록 기도해줘. 사랑해.

바다가 되어

연희!

드디어 임금인상 투쟁이 시작되었어.

지난해 12월 19일, 전국의 민주노조들은 '지역업종별노동조합전국회의'를 결성하고 올해 임금인상 투쟁과 노동법 개정 투쟁을 공동으로 치르기로 했어. 이를 위해 설치한 것이 '전국투본(전국노동법개정투쟁본부)'이야.

1989년 임금 투쟁을 맞은 전국투본은 전국 민주노조의 공동 요구사항으로 월 9만7924원 인상을 결의했어. 최저생계비의 75% 수준이 되는 액수야. 이 목표를 위해 전국의 민주노조들은 3월 말부터 집중적인 교섭에 들어가기로 하고, 협상이 타결되지 않은 사업장은 4월 10일 동시에 쟁의 발생 신고를 해서 4월 20일 동시 파업에 돌입하기로 방침을 세웠어.

임금인상 투쟁은 경제투쟁의 꽃이라고 불러. 이렇게 부르는 이유는 노동운동하면 떠오르는 대표적인 투쟁이기 때문이야. 노동자가 자신이 판매한 노동력의 정당한 대가를 지불받기 위한 투쟁이기 때문에 노동운동에 무관심했던 일반 노동자들까지도 함께할 수 있고, 결과도 눈에 확실히 보이기 때문에 자신감을 줄 수 있는 가장 기본적인 투쟁이지.

임금투쟁이 중요한 또 다른 이유는 1주일에 한 번 먹던 삼겹살을 두 번 먹는 것 이상의 효과를 불러오기 때문이야. 노동자를 단결시켜 거대한 정치 세력으로 만드는 토대가 될 수 있다는 거지.

예를 들어 작년 임금인상 투쟁은 완벽하지는 않았어도 자본가 권력의 폭압에 맞서는 연대 투쟁을 통해 노동법 개정이라는 기초적인 정치적 요구로 발전했어. 나아가 지역별 민주노조협의회와 전국 조직의 길을 열어주었어. 노동자는 개인으로 흩어놓으면 조장, 반장에게도 꼼짝못 하는 나약한 존재지만, 투쟁을 통해 단결하면 이 사회를 움직일 힘을 갖게 되는 거지.

이를 잘 아는 자본과 그들의 정부가 임금투쟁을 방관할 리 없지. 3월 7일, 정부는 파업 기간의 임금을 지급하지 말라는 '무노동 무임금 원칙'을 발표했어. 한 달 벌어 한 달을 사는 저임금 노동자들의 약점을 잡아 파업의 동력을 약화시키려는 거야.

물리적인 폭력도 노골화되고 있어. 무노동 무임금 원칙이 발표되기 며칠 전인 3월 3일에는 현대중공업 노조위원장이 타고 가던 승용차를 정체불명의 트럭이 고의로 들이받아 사고를 낸 후 위원장을 납치하려던 사건이 벌어졌어. 일행들이 싸워서 위원장을 구해냈지만, 3월 8일에는 서울 종로구 계동 현대그룹 본사 앞에서 텐트를 치고 농성하던 조합원 307명을 연행해 그중 7명을 구속하고 55명을 해고했어.

사람들은 현대중공업 같은 재벌 기업에서 일한다면 월급도 많고 대우도 좋을 거라고 짐작하지만, 지난번 집회 때 들어보니 그렇지도 않더라. 조선소 노동은 봉제나 전자와는 비교도 안 되게 힘들고 위험해서 매달 한두 명씩 죽어 나간대. 월급이 일반 공장보다 많아 보이는 건 엄청나게 잔업을 하기 때문이지 기본급이 월등하게 많은 것도 아니야. 군대식 통제도 극심해서 욕하고 때리는 건 보통이고 머리카락이 귀를 덮으면 경비들이 가위로 쥐가 먹은 듯 잘라놓는대. 쌓이고 쌓인 분노가 무섭게 폭발하는 게 당연하지.

상황은 나빠지고 있지만 그렇다고 투쟁을 멈출 우리가 아니지. 서광도 전국투본의 결정에 발맞춰 3월 10일부터 임금인상 투쟁을 시작했어. 집행부 모두가 처음 경험하는 임투지만, 지금까지 공부해온 것을 총동원해 스스로 풀어나가는 중이야.

우리는 먼저 회사에 무엇을 요구할 것인가에 대해 조합원들에게 설문조사를 하는 한편, 최저생활에 필요한 비용을 뽑아보기 위해 가리봉시장에 나가 생필품의 물가를 조사했어. 그 결과, 임금 35% 인상안을 결정했어. 또한 이를 조합원들과 공유하기 위해 생산라인별로 임금인상 교육을 실시하며 결속력을 다졌지.

협상은 처음부터 난항이었어. 회사는 구로지부는 자격이 없으니 부평 본조와 대화하겠다며 협상 자체를 거부했어. 이에 호응한 부평 본조는 우리 구로지부를 배제하고 교섭을 독점하고 있어. 회사와 적당히 상의해 5% 정도의 형식적인 인상으로 끝내려는 속셈인 거지.

우리 구로지부 집행부는 독자적인 협상을 요구하며 제2공단의 서광 본사에 찾아갔는데 회장은 면담조차 거부했고, 관리자들은 구로지부는 교섭 대상자가 아니라며 요구 사항이 있으면 부평 본조를 통해 말하라고 회피해버렸어.

나아가 부평 본조는 구로지부 지부장을 조합원에서 제명해버렸어. 노동법으로만 보면 구로지부는 또다시 지부장이 없는 노조가 된 거지. 회사도 이에 호응해 나를 포함한 3명의 조합 간부를 사칙 위반이라며 징계위원회에 회부했어. 회사와 어용노조가 어쩌면 이렇게 죽이 잘 맞는지 몰라.

하지만 이 정도 압박에 물러날 거라면 시작도 하지 않았어. 우리는 요구 조건에 조합 간부 3인에 대한 징계 철회를 추가하고, 징계위원회 출두를 거부하기로 했어. 징계위원회가 열려도 참석하지 않고 집으로 내용증명이 오면 수취를 거부하기로 했어. 징계 대상자인 내게도 내용 증명이 날아왔는데, 형에게 지물포로 오는 등기우편물은 본인이 없다 며 일체 수령하지 말아 달라고 부탁했지.

협상 탁자에 한 번도 앉아보지 못한 채 회사와 어용노조의 집중 공격을 당하게 된 우리가 할 수 있는 일은 집단행동밖에 없었어. 임투를 시작한 지 한 달 만인 4월 7일, 우리는 준법투쟁에 들어갔어. 전면적인 파업은 아니고 잔업 거부, 연월차 휴가 찾아 먹기 등 노동법에 보장된 방법으로 작업량을 줄여서 회사에 타격을 주는 작전이야.

조합원들의 호응은 놀랄 정도였어. 일치단결해 야간작업을 거부하고, 점심시간에 식당에서 집행부가 현황을 보고하면 일제히 구호를 따라 외쳤어.

"노동부는 구로지부의 자주적 조합 활동 보장하라!"

"회사는 조합 간부 3인에 대한 징계를 철회하라!"

회사와의 협상이 결렬된 다른 공장에서도 잇달아 쟁의가 터지는 중이야. 4월 들어 수도권에서만 400여 개 노동조합이 쟁의 신고를 했고 우리 회사와 이웃한 나우정밀 등 구로공단에서도 10여 개 민주노조가 쟁의에 돌입했어.

경찰도 비상 상황이 되었지. 울산, 창원 등 지방의 대공장에서는 노동자와 전투경찰이 충돌했다는 소식이 잇따르고 구로공단도 거리마다 철창 버스와 전투경찰이 배치되어 공포 분위기를 조성하고 있어.

사흘 전인 4월 14일에는 서노협 단병호 의장이 경찰에 체포되었어. 지하철 노조의 파업을 지원했다는 이유로 제3자 개입금지 조항 위반으로 수배 중이었는데 포항에 지원 투쟁을 갔다가 연행된 거야. 검찰은 곧바로 단병호 의장을 구속해버렸고, 서노협은 즉각 청계피복노조 김영대 위원장을 직무대행으로 선출해 투쟁을 잇도록 했어.

단병호 의장뿐 아니야. 서노협과 함께 전노협 건설의 주축인 마창노련의 문성현 의장과 전 의장인 이홍석 씨도 이미 구속된 상태야. 경기 남부 민주노조의 핵심이던 성남노련 오길성 의장도 구속되었고.

마창노련은 서노협과 함께 민주노조 진영에 있어서 가장 선봉적인 역할을 수행해온 조직이야. 지역협의회 중에서 가장 먼저 결성되었고 조직원의 숫자도 서노협 다음으로 많아. 울산 현대중공업 폭력 진압에 대한 지원 투쟁과 전국 공동 임투에서도 가장 모범적으로 활동해 온 곳이야. 성남노련도 서노협과 함께 수도권 투쟁을 선도해온 조직이고.

정부는 물리적 탄압 말고도 심리적으로 노동운동을 매도하는데 언론을 총동원하고 있어. 연희도 공장에서 온종일 라디오를 들을 테니 뉴스로 접하겠지만, 저들이 선무당의 칼처럼 휘둘러대는 선전 무기는 좌경폭력혁명설이야. 우리 노동자들의 정당한 투쟁을 친북세력들이 사주하는 체제전복 기도로 매도하는 거지.

정부의 선전에 호응해 현대그룹에서는 반공청년회를 만들고 럭키금성그룹에서는 반공연맹이 결성되어 공공연하게 활동하고 있다 그래. 우리 서광의 관리자들과 어용노조 세력들이 입만 벌리면 민주파를 빨갱이들이라고 매도하는 것도 같은 맥락이지.

나는 언젠가 이 불편부당한 노사관계가 청산되어야 한다고 봐. 그렇지만 노동자를 기계가 아닌 사람으로 대우하라는 것이지, 정부가 선전하는 것처럼 노동자가 또 다른 지배계급이 되어 다른 사람들을 감시하고 억압하는 계급독재 국가를 지향하는 건 아니야. 가방끈 짧은 나는 정부 발표를 통해서 계급투쟁, 계급독재라는 단어를 처음 배운걸 뭐.

수많은 노동운동가 중에 혹시 그런 세상을 꿈꾸는 이들이 있겠지만, 적어도 내가 노동운동을 통해 알게 된 이들은 나하고 생각이 같을 거야. 다 같이 평등하게 살자는 사회주의 원칙 자체가 틀린 것도 아니거니와, 설사 계급독재 같은 극단적인 관념에 빠진 사람들이 있다 해도, 그들의 존재 때문에 우리가 이 비인간적인 대우를 개선하기 위한 싸움을 중지할 이유는 없어.

자동차 테러까지 당하고 사전구속영장이 떨어져 도피 중인 현대중공업 노조위원장이 3월 16일 자로 발표한 대국민 호소문을 적어볼게.

"95일간의 파업, 이 괴롭고 지루한 투쟁을 계속하면서 저희 현대중공업 2만여 조합원과 가족들은 하루하루를 고통과 긴장 속에서 살아가고 있습니다. 주는 대로 받고 시키는 대로 일하는 가축이나 노예 같은 삶을 거부하고 사람대접 한번 받아보겠다는 저희들의 소박한 요구가 어찌 이렇듯 엄청나고 잔인한 탄압을 받아야 합니까? 유리창 한 장 깨지 않고 선량하게 싸워온 우리들이 왜 죄인 취급을 당하며 기가 죽어야 하는지 정말 억울하고 답답하기 짝이 없습니다. 서럽고 외로운 것이 세상이라지만, 회사와 공권력의 억지 탄압에 지치고 언론의 왜곡, 편파 보도에 시달릴 대로 시달리다 보니 이제 매달릴 곳은 전국의 노동 형제와 양심적인 국민 여러분뿐이라는 절박한 심정으로 이렇게 저희들의 호소를 전합니다."

어느 신문, 방송에도 보도되지 않은 이 호소야말로 우리 노동자의 소박한 희망을 잘 보여주고 있어. 우리 노동자는 구사대의 폭력으로 쫓겨난 베어링 조합원들을 돕기 위해 빈 운동장을 향해 화염병을 날릴 망정, 경찰을 때려죽이지는 않아. 그러나 경찰의 고문과 직격 최루탄에 죽은 노동자, 학생은 내가 아는 것만도 열 명이 넘어. 이것이 이 사회의 진실이야.

연희도 부디 정부와 자본의 악선전에 속지 않기를 바라. 노동자들의 소박한 요구를 무시무시한 계급독재로 바꿔치기해 악선전을 퍼붓는 저들의 진정한 목적이 무엇일까를 생각해야 해. 저들의 목적이 우리 노동자를 행복하게 하려 함은 아니란 점은 확실해. 저들이 진정 우리 노동자를 위한 마음이 있었다면 진즉에 인간다운 처우를 했겠지. 뒤늦게라도 반성했다면 이런 식으로 폭력 진압과 구속을 남발하지는 않겠지.

오늘이 4월 17일, 공단 옆으로 흐르는 안양천 방죽에는 민들레꽃이 하나둘씩 피어나고 있어. 5월이 되면 온 방죽이 샛노란 민들레꽃 물결로 덮이겠지. 아무리 짓밟혀도 봄이면 어김없이 꽃을 피우는 민들레는 우리 민중을 상징하는 꽃이래. 연희를 만나면 민들레꽃으로 만든 꽃반지를 끼워주고 싶다.

그리고 노래를 불러주고 싶다. 내가 제일 좋아하는 노래, 이선희의 〈바다가 되어〉를 불러주고 싶어. 연희를 위한 나의 노래를.

새벽 안개 속으로 파도가 깨면
작은 배 돛을 달고 바다로 간다
물새도 떠나버린 텅 빈 바다에
사랑 잃은 내 모습은 바다가 된다
나를 안고 떠나다오, 저 땅 끝까지
나를 안고 떠나다오, 저 하늘 닿는 그 곳
나를 안고 밀려간다, 파도가 된다
나를 안고 잠이 든다
바다 바다 바다 바다가 된다

우리가 함께할 수 있다면, 부자가 아니어도 좋으니, 우리 시골집처럼 소박한 정원이 있는 집에서 함께 살 수 있다면 얼마나 좋을까? 그런 날이 꼭 오겠지?

나의 사랑, 나의 희망, 다시 소식 전할게.

노동자 군대의 병사

보고 싶은 연희!

춥다. 봄이 오고 꽃들은 피는데 밤은 왜 이렇게 추울까? 조금 전까지 규찰을 서다가 조합 사무실에 들어왔는데 몸은 여전히 덜덜 떨리네.

철망 안에 혼자 서서 인적도 드문 밤의 도로를 감시하고 있다가 우연히 베어링노조 사무장 형과 마주쳤어. 형은 철망을 사이로 담배에 불을 붙여주며 물어왔어.

"왜 쟁의부장 혼자 규찰을 서?"

"낮에는 둘씩 서는데 밤에는 여성 조합원들 쉬라고 혼자 서는 겁니다."

"남자는 쟁의부장 혼자라서 힘들지?"

"아닙니다. 괜찮습니다."

"책임감이 클 거야. 나는 조합원이 전부 남자들인데도 다 버리고 도망치고 싶은 적이 한두 번이 아닌걸."

나는 그냥 웃었어. 사무장 형이 내 마음을 꿰뚫어 보는 것 같아서 아니라고 답할 수가 없었지. 사무장 형은 바깥에 나갈 수 없는 나를 위해 몇 개비 피우지도 않은 자기 담뱃갑을 철망 사이로 건네주며 말했어.

"내일을 생각해서 무리하지 말고 들어가서 좀 쉬어. 놈들은 꼭 새벽에 처들어오니 지금은 조합 사무실에 들어가서 쉬면서 지켜도 돼."

사실 경찰과 구사대가 처들어온다면 막을 길은 없어. 규찰은 기숙사생들이 무방비로 당하지 않도록 몇 분 빨리 알려주는 역할밖에 못하겠지. 너무 추워 견딜 수 없던 나는 형 말대로 조합 사무실로 들어왔어.

지금 조합 사무실에는 집행부 간부들이 서노협에서 준 얇은 태극기를 바닥에 깔고 잠들어 있어. 다들 1주일 넘게 차가운 시멘트 바닥에서 새우잠을 자는 모습을 볼 때마다 안쓰럽네. 여성 간부들의 머리카락을 보면 더욱 가슴이 아파. 고왔던 머릿결은 사라지고 선머슴처럼 짧은 더벅머리가 되어 있거든. 집행부가 끝까지 싸우겠다는 결의를 보이기 위해 삭발식을 한 거야. 조합원들 앞에서 차례로 머리칼을 잘랐는데 나는 완전히 박박 깎고, 여성 간부들은 가위로 듬성듬성 잘라 더벅머리가 되었어. 조합원들은 집행부가 머리카락을 자르는 광경을 보며 여기저기서 울음을 터뜨렸지.

이런 상황에서 내가 도망쳐버리면 어떻게 될까? 라 형이 없어졌어도 우리끼리 잘하고 있듯이, 나 하나 없어도 싸움은 이어지겠지. 하지만 도망친 나는 영영 죄책감을 벗지 못할 거야. 만일 내가 도망친 뒤 경찰의 습격으로 조합원들이 무차별 폭행을 당한다면 평생 악몽에 시달리 겠지.

지금 기물 창고 안에는 20리터짜리 물통에 휘발유가 가득 들어 있 어. 내가 직접 주유소에 가서 사다 놓은 휘발유야.

너무 걱정하지는 마. 투쟁 현장에 휘발유를 사다 놓는 건 흔한 일이 야. 누구를 해치기 위함도, 회사를 태우기 위함도 아닌, 경찰 습격에 대 비한 위협용일 뿐이야. 베어링 공장에서도 그랬고, 영등포 위원장 형님 도 구사대와 경찰이 몰려올 때 공장 마당에 기름을 뿌려서 막았다고 했잖아. 나도 그런 용도로 사다 놓은 것뿐이야.

바로 얼마 전에도 구로공단의 한 공장에서 화염병 투척 사건이 벌어 졌었어. 남자가 대다수인 그 공장 노조도 방어용으로 휘발유를 사났 는데 구사대가 기습한다는 정보를 듣고 화염병을 잔뜩 만들어놓았대. 그런데 막상 화염병을 던지려니까 잘못하면 불을 끄지도 못하고 사람 여럿 죽겠다 싶어서 던지지 마라고 했대. 하지만 경찰과 구사대가 정 문을 부수고 들어오려 하자 저절로 화염병을 던지게 되더래. 경찰도 이를 예상하고 소방차가 와서 물을 뿜어대자 이쪽에서도 소방 호스로 물을 쏘며 싸웠지. 물과 불이 뒤엉킨 전쟁을 치른 끝에 경찰의 진입을 막을 수 있었대.

그렇지만 우리 서광은 화염병을 만든다 해도 여성들뿐이라 던질 수 도 없으니 마당에 뿌릴 작정으로 준비해놓은 거니까 걱정하지 마.

아참, 연희는 궁금할 거야. 왜, 어떻게 해서 파업이 시작되었는지.

사건이 터진 건 4월 18일, 준법투쟁을 벌인 지 12일째 되던 날이었어.

정부가 노동운동에 대한 추가 조치를 발표한 날이기도 해. 정부는 청와대가 주도하고 안기부도 참석한 관계 장관 회의에서 노동자와 재야 민주화운동권 및 학생들과의 연대를 차단할 것, 각 지역 공안합수부에 불법 노사분규 배후 조종자 신고센터를 설치할 것, 국가 기간산업과 전략산업 사업장에 대해 대폭적인 금융 지원을 할 것을 결정했어.

바로 그날 아침, 집행부 5명이 구로공단에 있는 삼미사 노동조합에 격려 방문을 갔다가 경찰에 연행되는 사태가 벌어졌어.

나는 마침 선전전에 못 갔기 때문에 나중에 들은 이야기인데, 방문을 마친 지부장 일행이 뒤따라 다니는 사복형사들을 무시하고 유인물을 나눠주고 있으려니 회사 관리자들이 카메라를 들고 나타나 찍어대더래.

"찍지 말아요! 사진을 왜 찍는 거야?"

집행부 간부들이 따지며 달려들자 다른 간부들도 몰려가서 몸싸움이 벌어졌어. 이 과정에서 카메라를 잡아당기자 끈이 끊어지며 카메라가 땅바닥에 떨어져버렸대. 벌써 전부터 연행할 기회만 노리던 경찰에게 절호의 기회가 온 거지.

"체포해!"

기다렸다는 듯이 경찰들이 달려들어 노조 간부 5명을 모두 연행해버렸어. 드디어 우리에게도 올 것이 온 거지.

현장에 있던 나머지 집행부는 소식을 듣자마자 긴급회의를 열었어. 이 자리에서 나는 즉시 파업에 들어가자고 강력하게 주장했어.

"경찰이 우리 집행부를 구속하려고 작정한 게 분명합니다. 즉각 파업으로 맞서야 합니다!"

대다수의 간부들은 신중론을 폈어.

"경찰에 연행되는 게 어제오늘 일도 아닌데 너무 성급한 판단 아닌가요? 하루는 기다려봅시다."

나는 더욱 강력히 주장했지.

"이번 연행은 우발적인 일이 아닙니다. 며칠 전부터 단병호, 문성현, 오길성 의장이 구속된 걸 보십시오. 이대로 방치하면 우리 지부장도 구속될 겁니다. 어떻게든 구속영장이 떨어지기 전에 압박을 가해 구출해야 합니다. 설사 구출하지 못하더라도 저들에게 우리의 힘을 보여줘야 합니다. 파업합시다!"

기계를 멈춰 세우자는 나의 강력한 요구는 채택되었어. 우리는 곧장 현장으로 달려가 파업을 선언했고, 조합원들도 호응했어. 귀가 먹먹하도록 시끄럽던 재봉틀 돌아가는 소리 대신 구호 소리가 현장에 울려 퍼졌지.

"연행된 노조 간부들을 즉각 석방하라!"

"회사는 즉각 임금협상에 응하라!"

일치단결된 함성 덕분일까, 4명의 부장들은 오후가 되자 석방되어 현장에 돌아왔어. 그러나 한 명은 나오지 못했어. 절박감이 우리를 더욱 단결시켰어.

"연행자를 즉각 석방하라!"

종일 외쳤지만, 연행된 간부는 그날 끝내 나오지 못하고 다음 날도 나오지 않았어. 경찰서에 몰려가 석방하라고 요구하니 수사 중이라며 면회도 시켜주지 않았어.

연행된 간부가 돌아온 것은 연행 사흘째, 파업도 사흘째 되던 4월 20일이었어. 알고 보니 경찰서 수사과에 있는 구속영장 대기실에서 하루를 자고 난 후 노동부 근로감독관들에게 인계되어 여관방에서 밤샘 조사를 받은 거야. 근로감독관도 노동문제에 대해서는 수사권을 갖고 있거든.

근로감독관들의 조사 목적은 연행된 간부가 학생 출신인지 아닌지를 확인하고, 어떤 운동권 조직과 연계가 있는가를 알기 위함이었대. 수사를 맡은 여성 근로감독관은 우선 노동조합을 하게 된 경위를 다 쓰게 하더래. 내용도 내용이지만 글씨체와 맞춤법으로 학생 출신인지 아닌지를 판단하기 위함이었겠지. 간부는 당당히 노동자 출신임을 밝히고 노동자도 얼마든지 글을 잘 쓸 수 있음을 보여주었대. 더구나 노조에서 연행 간부 석방을 내걸고 파업에 돌입한 사실을 잘 아는 노동부는 사건이 더 커질까 봐 우려했는지 다음 날 아침 그대로 내보낸 거야.

잡혔던 간부가 돌아오자 파업 현장은 환호성으로 난리가 났지. 하지만 파업은 멈추지 않았어. 이 역시 내가 가장 강력하게 주장해서 관철된 거야.

왜 그랬냐고? 이날도 서노협 산하 50개 노조가 임금인상과 근로조건 개선을 요구하며 파업을 벌이거나 잔업 거부를 하고 있었어. 구로지구 20개 노조는 이날 2000여 명이 모여 규탄 집회도 열었어. 우리의 요구사항은 아직 하나도 관철되지 않고 있었어. 갑작스럽게 파업이 시작되면서 파업 기간 3일분 임금을 전액 지급하라는 요구사항만 늘어났지. 나는 이런 상황에서 파업을 중지하면 안 된다고 생각한 거야.

집행부와 다수는 이번에도 반대했어. 파업이 모든 걸 해결해주지는 않는다는 신중론이었지. 계획을 세우지 않은 충동적인 투쟁은 지난 두 번의 파업 같은 문제들을 일으킬 거라는 우려였어. 하지만 나를 중심으로 한 강경한 주장으로 파업은 강행되었고, 반대하던 몇 사람은 파업 참가를 거부하고 집에 가버리기까지 했어.

"노동운동 탄압 분쇄하자!"

"임금인상 완전 쟁취하자!"

"구로지부 독립 쟁취하자!"

파업이 계속되자 회사는 구내식당 운영을 중지했어. 조합원의 절반 이상이 기숙사에 살고 있는데 식당이 폐쇄되니 식사 문제 해결이 급했어. 기숙사생들은 물론, 파업에 참가하되 출퇴근하는 사람들도 점심은 회사에서 먹어야 했으니까. 우리는 자체적으로 밥을 해 먹기로 결정하고 당번을 정해 반찬거리를 사 오고 밥을 해서 배식했어.

가장 힘든 문제는 식당 폐쇄나 무노동 무임금 원칙이 아니었어. 파업에 반대한 집행부 간부들도 결국은 합의하고 앞장서서 선전선동을 하고 있으니 별문제가 아니야. 진짜 문제는 남자 조합원들이 노골적으로 노조에 반기를 들고 나선 거야.

다른 공장의 구사대는 공개적으로 발대식을 하고 자기들끼리 뭉쳐 있다가 야구방망이니 쇠파이프를 들고 농성장을 습격하는 게 보통이야. 특이하게도 서광의 남자 노동자들은 구사대도 결성하지 않은 채 현장에 자유롭게 드나들며 파업을 중지하라고 요구했어. 하는 행동은 구사대나 다름없지만 아직은 조합원이니 막을 명분도 없어.

이런 상황이 조합원들에게는 더 무섭게 느껴질 수밖에 없어. 조합원들이 따가운 햇빛을 피해 건물 그늘에 모여 쉬거나 집회를 하고 있으면 운동장에서 축구를 하던 남자들이 일부러 여성 조합원들을 겨냥해 뻥뻥 공을 차대는 거야. 위협적으로 날아오는 축구공에 놀란 조합원들이 비명을 지르며 피하면 비웃으며 야유와 욕설을 퍼부었어.

"뭣들 하는 거야? 그만두지 못해?"

파업 대오의 유일한 남자라고 내가 나서서 항의하자 비웃음만 돌아왔어.

"김종수! 너 밤길에 뒤통수 조심해!"

"여자들하고 노니까 좋냐? 쟁의부장 좋아하네! 너 그러다가 크게 다친다."

이삼녀 씨를 비롯해 조직부장, 쟁의차장 등이 나서서 마이크를 잡고 그들을 설득해보기도 하고 규탄도 했지만 소용없는 일이야.

"당신들 뭐야? 지금까지 노조에 협조적이었던 행동들이 다 거짓이었어? 당신들 구사대가 맞지?"

노조 간부들이 따지면 그들은 진담인지 농담인지 알 수 없는 조롱으로 답해왔어.

"그래, 우리가 구사대다! 우리가 수련회마다 따라간 것도 사실은 너희들이 무슨 짓을 하는가 감시해서 회사에 보고하러 간 거다!"

어쩌면 그들은 구사대가 아닐지 몰라. 단순히 새 집행부와 마찰이 생기면서 반대파가 된 것일 수 있어. 하지만 결과는 마찬가지야. 구사대나 다름없이 조합원들을 공포 분위기로 몰아가고 있으니까.

생각다 못한 나는 하루 저녁 현장을 빠져나와 전철을 타고 인천으로 갔어. 직업훈련소에 입소해 용접을 배우고 있던 라 형을 만나기 위함이었어. 라 형에게 감정이 좋지 않은 다른 간부들에게는 말하지 않고 내가 독자적으로 간 거야. 물어물어 찾아간 직업훈련소에서 라 형을 만나 간절히 말했지.

"남자들의 횡포로 조합원들이 겁을 먹고 있는데 나 혼자서는 감당할수가 없어요. 형이 좀 와서 도와줘요. 그 사람들은 그래도 형 말은 들었잖아요."

라 형은 다음 날 바로 직업훈련소를 무단으로 빠져나와 공단으로 왔어. 그러나 별 도움은 안 됐어. 완성반 남자들을 만나 설득하려 했지만 만날 수도 없더래. 서노협 구로지구위원회에 찾아가서 서광 투쟁을 적극적으로 도와달라고 요청도 했지만, 산하 노조가 모두 쟁의 중이니 서노협도 도와줄 역량이 없더래. 라 형은 직업훈련소를 포기하고 가리봉시장 뒤 닭장집에 방 한 칸을 얻었지만, 밖에서 할 수 있는 일은 제한적일 수밖에 없겠지.

남자 조합원들의 횡포는 계속되고 회사의 압박도 점점 더 강도가 높아지고 있어. 회사는 직장폐쇄를 하겠다며 기숙사에서 나가라고 요구하더니 이를 거부하자 단전, 단수를 시키겠다고 협박하고 주거침입죄로 전투경찰을 투입해 끌어내겠다고 위협하고 있어.

회사의 위협이 아니라도, 머지않아 경찰이 공격해올 게 틀림없어. 남성 사업장도 공격하는 그들이 여성들뿐인 우리 현장에 진입하는 건 시간문제야. 경찰이 밀고 들어오면 남자 조합원들은 내부에서 동조해 조합을 깨겠지.

집행부는 경찰의 진입을 방어할 작전을 짜보았지만, 물리력이 약한 여성 사업장에서 할 수 있는 일은 별로 없었어. 우리의 유일한 계획은 경찰이 진입하면 다들 기숙사로 들어가 양쪽 철문 안쪽에 가구들을 쌓아 봉쇄하고 단식투쟁에 들어가는 거야. 기숙사 철문이 막히면 경찰이 창문을 깨고 들어올 테니 창문에서 고춧가루를 뿌려 막자는 제안도 나와서 식당에서 고춧가루며 후춧가루를 가져와 창틀에 배치해놓았어. 최루탄을 터뜨리며 곤봉을 들고 난입하는 경찰 앞에 후춧가루라니 좀 우스울 거야. 그러나 달리 방법이 없는걸.

우리는 대신 회사와 서광 상품에 대한 불매운동과 항의 전화를 시작했어. 조를 짜서 교대로 명동의 라코스테 매장 앞에 가서 피케팅을 하고 불매를 호소하는 한편, 회사 관리자들과 부평 본조 위원장 집의 전화번호를 공개해 교대로 구로지부를 독립시키라는 항의 전화를 하고 있어.

아무런 협상도 진행되지 않는 가운데 조합원들의 이탈은 계속되고 있어. 아예 고향으로 내려가버리는 조합원도 있고, 저녁에 나갔다가 다음 날 돌아오지 않는 조합원이 하루하루 늘어나고 있어.

회사는 파업 참가자의 가족들에게 일일이 전화하거나 찾아가는 짓까지 하고 있어. 당신 딸이 불순분자들에게 속아서 회사를 망하게 하고 있으니 어서 가서 데리고 나오라는 거야. 딸이 감옥에 갈 거라는 협박 전화에 놀란 가족들은 황급히 달려올 수밖에 없어.

아버지나 오빠가 기숙사에 찾아와 조합원들을 데리고 나가는 광경이 하루에도 몇 번씩 벌어지고 있어. 아버지 중에는 딸의 설득을 듣고 너를 믿는다며 돌아가는 이도 있지만, 나가자고 호소하다 못해 욕설까지 퍼부으며 질질 끌고 가는 경우도 있었어. 늙은 할머니가 와서 흐느껴 울면서 나가자고 호소하니 어쩔 수 없이 따라간 조합원도 있고.

엊그제는 쟁의부 차장까지 아버지에게 끌려 나갔어. 시골에서 농사를 짓다가 올라와 눈물로 호소하는 아버지를 외면할 수 없어서 따라간 거야. 쟁의차장은 연설을 잘해서 마이크를 전담하다시피 해왔고 나하고 호흡이 잘 맞아 술도 자주 마신 절친한 사이인데 끌려 가버리니 한쪽 팔이 떨어져 나간 것만 같아.

남자들이 많으면 규찰대가 정문을 봉쇄하고 출입을 막을 수도 있지만, 여성들뿐이니 그러기도 힘들어 답답하기만 해.

하긴 외부와 차단한다고 해서 좋은 것만은 아니야. 파업 중인 한 공장은 조합원들이 경찰과 구사대에 쫓겨 작업 현장을 안에서 봉쇄하고 농성에 들어갔는데 경찰이 정문을 차단하고 가족들도 들어가지 못하게 차단하고 있어. 이런 경우는 우리와 반대로 가족들이 먹을거리를 갖다줄까 봐 막는 거지. 조합원들은 미리 준비한 물과 빵으로 버텼지만 금방 떨어져버렸고 현장에는 화장실도 없어서 깡통에 대소변을 보고 있대.

유일하게 경찰의 봉쇄를 뚫고 그 공장 안에 들어간 사람은 박영진 열사의 아버지였대. 아들의 죽음을 겪은 아버지는 누구보다도 강한 사람이 되어 있었거든. 농성 조합원 부모들은 자식들 걱정에 눈물을 흘리면서도 감히 경찰에 덤비지 못하는데, 박영진 열사의 아버지는 경찰 간부들과 소리치고 싸운 끝에 음식 반입을 허가받은 거야. 박영진 열사의 아버지와 추모사업회 실무자들이 빵과 음료수를 사서 경찰 봉쇄망을 뚫고 들어가니 농성 노동자들이 박수를 치며 환호했대. 그 이야기를 들으니 한 사람의 죽음이 헛되지 않았다는 생각이 들더라.

고마운 것은 나의 형과 친구들이야. 내가 집에 들어가지 못하자 형은 운동화와 속옷을 갖다주었고 서동배는 서너 번이나 왔었어. 동배는 점심시간에 빵과 음료수를 사 들고 와서 격려해주기도 하고 경찰에 가로막혀 출입이 어려울 때는 정문으로 못 들어오고 철길을 넘어와 휴게실에서 밤을 새우고 돌아가기도 했어. 한번은 멀리 평화시장에서 래윤이까지 다녀갔어. 조금은 보수적인 래윤이는 노동운동에 관심이 없지만 친구를 믿고 아끼는 마음으로 몸조심하라고 걱정해주러 온 거야. 얼마나 고마웠는지 몰라.

연희! 힘겨운 내 인생에 힘이 되어준 모든 사람들에게 축복을 내려줘. 나도 고마운 사람들, 사랑하는 사람들에게 실망을 주지 않는 김종수가 될 거야.

편지를 쓰는 동안 자정이 훨씬 넘어버렸네. 기계 소리와 트럭 엔진 소리, 노동자들의 함성과 북소리, 징소리로 시끄럽던 공단이 깊은 잠에 빠진 듯 고요해졌어. 독산동까지 합치면 구로지구에서만 30여 개 공장에서 우리처럼 집에 가지 못한 노동자들이 공장의 밤을 지새우고 있어.

두어 시간 후면 저 시커먼 하늘이 파랗게 바뀌고, 어딘가 사업장에는 경찰과 구사대가 공격을 시작하겠지. 노동자의 땀과 눈물로 얼룩진 이곳은 굴종이냐 해방이냐를 가름하는 최전선이야. 인간이 만들어낸 부조리 대 인간답게 살고자 하는 욕망이 격돌하는 최전선이야. 나는 이 전선을 지키는 노동자 군대의 병사, 부끄럽지 않게 내 소임을 다하리라.

연희! 나를 원망하지 말고, 나를 위해 기도해줘. 다시 만나는 날, 내가 잘못하고 부족했던 일들에 대해서는 아주 조금만 야단치고, 내가 잘한 점은 많이 많이 칭찬해줘. 사랑해.

눈물로 다리를 건너다

보고 싶은 연희!

어제는 1989년 5월 1일, 세계노동자의 날인 메이데이 100주년 기념일이었어. 연희는 잘 모를 테니 메이데이의 유래에 대해 말해줄게.

1886년 5월 미국 시카고에서 8시간 노동제를 요구하며 파업에 나선 노동자들에게 경찰이 발포를 해 노동자 4명이 죽는 사건이 발생했어. 다음 날에는 헤이마켓 광장에서 경찰의 자작극으로 의심되는 폭탄이 터져 경찰 7명이 숨지고 70여 명이 다치는 사건이 발생했지.

탄압의 기회를 잡은 경찰은 폭탄을 투척한 범인을 잡겠다며 노동운동가들을 대거 체포하고 지도자 8명을 재판에 넘겼어. 법원은 이들이 폭탄을 던졌다는 어떤 근거도 나오지 않았음에도 4명을 사형했고, 한명은 감옥에서 자살하고 말았지.

이 사건은 세계의 노동자들에게 큰 충격과 분노를 일으켰어. 1889년

프랑스 파리에서 세계의 노동자 대표들이 모여 '헤이마켓 사건'을 기리기 위해 5월 1일을 '메이데이'로 정했지. 이것이 메이데이의 유래야.

우리나라에서도 일제 식민지 시대부터 선배 노동자들이 메이데이를 기념하려 했지만 일본 경찰의 탄압으로 번번이 좌절되어 제대로 기념식을 치르지 못했어. 해방 후 1946년에 처음으로 메이데이가 치러졌으나 곧 금지되고, 이승만 정부는 어용 한국노총 창립일인 3월 10일을 '노동절'로 정했어. 게다가 박정희 정권은 북한의 노동당을 연상시킨다고 해서 노동이라는 단어조차 못 쓰도록 '근로자의 날'로 바꿔버렸지. 근로자란 임금을 받는 임금노동자만이 아니라, 농민이나 식당 주인처럼 자본가인 동시에 노동자인 사람들을 포괄하는 단어야. 임금노동자와 자본가의 적대적인 대립을 희석하려고 근로자라는 단어를 쓰게 한 거지.

전국투본은 메이데이 100주년을 맞아 공식적인 기념식을 거행하기로 했어. 이를 위해 4월 30일 저녁 신촌 연세대학교 안에서 전야제를 열기로 했는데 노태우 정권은 평화적인 기념식조차 허용하지 않았어. 전야제와 다음 날의 기념식은 경찰의 원천 봉쇄와 무차별 연행으로 무산되었고 각 지역에서 추진하던 기념식도 모두 실패했어. 우리 서광은 파업 현장을 지켜야 해서 전야제에 참석하지 못하고 구로공단에서 기념 투쟁을 벌이기로 했는데 역시 원천 봉쇄로 열지 못했어.

메이데이 하루 동안 경찰은 전국에서 6500여 명의 노동자를 연행했고 이에 저항하는 과정에서 노동자 150여 명이 부상당했어. 지난번처럼 연행된 이들 중 최소한 수십 명은 구속되고 수백 명은 즉심에 처해지겠지. 전국투본은 모레 5월 4일 마산에서 구속노동자 석방과 공안 합수부 해체를 요구하는 전국노동자대회를 열기로 결의했지만 역시 원천 봉쇄로 무산되겠지.

이 끝없는 충돌은 언제 끝날 것인가? 갈수록 심해지는 저들의 폭력은 언제까지 계속될 것인가? 우리가 항복할 때까지? 우리가 완전히 좌절해 불가능한 꿈을 버리고, 희생뿐인 저항을 포기하고 임금 노예로 살던 옛날을 그리워하게 될 때까지 계속될까?

오늘 낮이었어. 봄날 햇살은 따사롭고 바람도 잔잔한 시간이었지. 조직부장과 둘이 조합 사무실 뒤편, 후지필름 공장과 이웃한 펜스 안에서 규찰을 서고 있을 때였어. 철망 너머 후지필름 공장 안에는 나지막한 펜스로 둘러싸인 변압기가 있었는데 그 안에 민들레꽃이 가득 피어 있는 거야.

"어머나! 민들레가 너무 예쁘다!"

조직부장이 샛노랗게 빛나는 꽃송이들을 보며 감탄했어. 나는 아무 말도 하지 못했어. 아무도 거들떠보지 않고 돌봐주지도 않는 변압기 밑바닥에 가득히 빛나는 꽃을 피운 민들레를 보는 순간, 왠지 서글픔이 밀려왔거든.

문득 이런 생각이 들었어.

헌법과 법률에 보장된 집회 및 시위의 자유가 이처럼 짓밟히다니, 우리는 과연 이길 수 있는 싸움을 하고 있는 것인가? 아니면 세상은 원래 불평등한 것이기에 절대 이길 수 없는 소모전을 하고 있는 걸까? 역사의 톱니바퀴가 한 칸 더 돌아가기 위해서는 얼마나 더 많은 노동자의 피가 필요한 것인가? 자유와 평등을 위한 이 거대한 역사적 전쟁에서 나의 역할은 무엇인가?

문득 두려워졌어.

모든 사회계층이 우리 노동자의 투쟁을 우려하고, 반대하고 있다는 생각이 들었어. 6월항쟁으로 사회가 민주화되었다지만, 수천 개 민주노조가 만들어졌다지만, 자본과 권력의 역공에 속수무책으로 당하고 있음에도 언론은 노동자 이기주의가 나라 경제를 무너뜨리고 있다고 몰아세우고, 많은 국민도 그렇게 생각해. 민주화를 요구하며 싸웠던 야당과 그 지지자들까지 그래.

이대로 계속 밀린다면 서광 민주노조도 깨지고, 서노협도 깨지고 전노협 건설도 좌절되고 말리라는 두려움이 들었어. 이런 상황에서 나의 역할은 무엇인가?

문득 서러워졌어.

나에게 노조는 수많은 이익단체 중 하나가 아니야. 농민들의 작목반이나 요식업 협회 같은 단순한 이권단체가 아니야. 인간으로 태어난 나를 인간답게 만들어주는 빛이요, 희망이야. 절망에 갇힌 민들레에게도 내리쬐어 샛노란 꽃을 피우는 따사로운 햇살이야. 나에게서 노동조합을 앗아가는 것은 막 새싹이 피어나는 봄의 초원으로부터 빛을 앗아가는 것과 다름없어. 내가 인간으로 태어나서 할 수 있는 가장 큰 정의로운 일이 좌절되는 거야.

이제 내가 할 수 있는 일은 무엇인가?

문득 포기하고 싶어졌어.

투쟁이 무서워서도, 지는 것이 무서워서도 아니었어. 갑자기 나 자신이 두려워졌기 때문이야. 이대로 가다가는, 나 스스로를 통제할 수 없을 것 같은 생각이 들었어. 저들이 누군가의 피를 요구한다면, 서광노조와 서노협과 전노협을 살리기 위해 누군가의 희생이 필요하다면 내가 나서게 될 것만 같은 두려움이었어. 내가 세상을 위해 줄 것이라고는 내 몸뚱이 하나밖에 없으니까. 지식을 바칠 수도 없고 돈으로 대신할 수도 없으니 세상을 위해 나를 바쳐야 한다면 나의 유일한 전부인 나의 생명을 바쳐야만 하니까.

견딜 수가 없었어. 규찰을 마치고 노조 사무실에 간 나는 집행부 중 한 명인 친한 누나에게 말했어.

"누나, 나 이제 그만둘까 봐요."

누나는 놀란 얼굴로, 그러나 침착하게 물었어.

"종수야, 왜 그래? 무슨 일 있어?"

나는 이유는 말하지 않았어. 벌써 절반 이상의 조합원들이 떠난 상태야. 나만 아니라 누나들도 포기하고 사라져버리고 싶은 압박에 시달리고 있을지 모르지. 내가 설명하지 않아도, 누나는 내 마음을 알고 있을 거야. 누나가 화를 내거나 훈계를 했다면 그대로 나와 버렸을지도 몰라. 그런데 누나는 다정하게 말했어.

"그래? 종수가 그만둔다면 어쩔 수 없지. 말리지 않을게. 그렇지만 어떻게 해야 할지 종수 스스로 하루만 더 고민해보면 안 될까?"

배신자라고 화를 내는 것보다 더 부담스러운 말이었어. 누나로서는 조합원들이 줄줄이 이탈하는 상황에서 말린다고 될 일이 아니라고 생각했는지 모르지만, 나는 부담스러울 수밖에 없었어.

문득 술이 마시고 싶어졌어. 파업이 시작되고 2주째 회사 안에 갇혀서 술 한 잔 마신 적이 없었거든. 혼자 술 한잔 마시며 생각해 보자는 생각이 들었어. 그런데 돈이 한 푼도 없는 거야.

"누나, 돈 있어요?"

조합 사무실 바닥에서 먹고 자는 지부장 누나에게도 돈이 있을 리 없지.

"누나도 돈 없는데, 왜?"

"그냥 쓸 일이 있어서 그래요."

술값이라는 말은 하지 않았어. 누나는 더 묻지 않고 서랍에서 3만 원을 꺼내 건네왔어.

"종수야, 이건 누나 돈이 아니고 조합 돈이니까 꼭 갚아야 한다. 알았지?"

"알았어요."

오랜만에 가보는 가리봉시장이었어. 오거리를 가로지르는 고가도로 아래 진을 치고 있는 전투경찰 무리를 지나 순댓국집에 갔어. 구로공단으로 온 지난 8개월 동안 수도 없이 갔던 단골 식당인데 혼자 간 적은 처음이야. 아니, 나 혼자서 술을 마셔본 게 처음이야.

막걸리 한 병을 시켜놓고 순대를 안주 삼아 한 모금씩 홀짝거릴 때였어. 옆자리에 먼저 와서 혼자 소주를 마시고 있던 군인이 만취해서 아주머니에게 말하는 거야.

"이대로 탈영할 겁니다. 나는 절대 군대로 안 돌아갑니다."

군복과 계급장을 보니 해병대 병장이었어.

"탈영을 하겠다고? 그럼 평생 쫓겨 살 건데?"

아주머니가 달랬지만 해병대원은 혀 꼬부라진 소리를 계속했어.

"평생 숨어 살아도 좋습니다. 너무 힘들어요. 너무 힘들어서 못 참겠습니다."

왠지 그의 마음이 이해될 것 같았어. 해병대원에게 말을 걸었어.

"그렇다고 탈영을 하면 됩니까? 계급장을 보니 병장이네요. 제대도 많이 안 남았을 것 같은데 버텨보지 그래요?"

해병대원은 착한 사람 같았어. 갑자기 끼어든 내게도 적대감을 보이지 않고 씩 웃으며 자기 계급장을 떼어 보였어. '찍찍이'로 된 병장 계급장을 떼어낸 자리에는 일등병 계급장이 붙어 있었어. 첫 휴가를 나오면서 가짜 계급장을 붙이고 나온 거야. 해병대는 다 그런다는 거야. 육군에게 얕보이지 않기 위해서.

나는 소리 내어 웃고 말았어. 동병상련이란 말은 이런 때 쓰는 걸까? 노동운동을 알게 된 지 겨우 몇 달 만에, 아무런 경험도 없이 쟁의부장이 되어 800명 조합원을 이끌고 있는 나를 보는 것 같았어. 파업을 이끌어갈 능력도 없으면서, 여러 사람의 반대를 무릅쓰고 파업을 관철시키고는 끝내 감당을 못 해 도망치려는 내 모습을 보는 것 같았어.

문득, 어떻게든 그를 부대로 돌려보내야 한다는 의무감이 들었어. 나는 내 술과 안주를 들고 그의 자리에 합석해 차분히 설득했어. 지금 탈영해서 도망치면 언젠가 체포될 때까지 평생 불안에 떨며 살아야 한다는 것, 그보다 더 괴로운 건 자기가 선택한 길을 포기했다는 좌절감,

자기 자신에 대한 실망감일 거라고 했어.

"맞습니다. 그런데도 너무 힘듭니다."

해병대원은 훈련이 얼마나 지독한가에 대해, 얼마나 외로운가에 대해 하소연하기 시작했어. 군대 중에도 가장 힘들다는 해병대에서 복무한다고 자부했건만, 자신의 의지와 능력으로는 버티기가 너무 힘들다는 것, 수십 명의 소대원과 하루 종일 함께 지내지만, 자신의 고통을 이해해주는 사람은 아무도 없다는 것, 그래서 언제나 외롭다는 이야기였어.

이럴 때 그냥 들어주는 게 약이야. 마냥 이야기를 들어주며 술잔을 나누다 보니 밤이 깊어져버렸어. 만취한 일등병을 이대로 보내면 안 되겠다 싶었어. 우울하고 외로운 그를 혼자 내버려 두면 또 무슨 생각을 할지 모르겠다 싶어 휘청거리는 그를 부축해 지물포로 데리고 왔어.

다른 술집에 가려는 걸 말리려고 소주까지 두 병을 더 사 들고 지물포에 들어가니 형이 깜짝 놀라는 거야. 회사에서 나오지 못하는 나를 위해 새 운동화며 속옷까지 사서 넣어주었는데 한밤중에 머리를 빡빡 깎은 채, 낯선 군인까지 데리고 왔으니 놀랄 수밖에. 만취해 횡설수설하는 군인과 술판까지 벌이니 내일 도배일을 가기 위해 자야 하는 형은 화가 잔뜩 나버렸어.

"야, 김종수! 니 코가 석자다 인마! 제 앞가림도 못 하는 놈이 무슨 남을 돕는다고 그래? 어서 잠이나 자!"

지린내 지독한 거지를 집으로 불러들여 한 이불에서 재워주고, 차 사고로 피투성이가 된 사람들을 구해주던 아버지 생각이 났을까? 형은 내가 아버지 같은 사람이 되는 게 싫었을 거야. 내가 아버지처럼 실패한 인생이 되지 않기를 바라는 마음이었을 거야.

형이 화를 내니 술자리는 흐지부지 끝나버렸어. 형이 술병을 치우고 전등을 꺼버리자 군인은 그대로 쓰러져 잠들고, 나는 점포로 나와서 혼자 책상 앞에 앉아 이 편지를 쓰고 있는 거야.

형과 달리, 나는 아버지가 실패한 인생을 살았다고 생각하지 않아. 단지 아버지의 인생을 사신 거지. 열심히 사신 것뿐이야.

아버지의 남다른 이타심 때문에 우리 가족은 겪지 않아도 될 고난을 겪은 게 사실이야. 부산에 살 때 찾아오는 고향 사람들에게 아낌없이 베풀다가 결국은 안정된 직장까지 잃고 시골로 내려온 후에도 쌀독이 비어 식구들은 굶어도 친구든 거지든 오는 손님들에게 먼저 밥을 해주던 아버지야. 농사를 지어도 꼭 남들이 안 키우는 작물 키우다 망하기를 거듭하는 아버지를 사람들은 이상주의자라고 말했어.

나는 아버지를 이상주의자라고 말하고 싶지 않아. 나는 아버지가 누구보다도 오늘을 중시하며 살았던 현실주의자라고 생각해.

사람들은 보통 내일을 생각하지. 설사 쌀독에 쌀이 있더라도, 오늘 손님을 대접하면 내일 식구들이 굶을까 봐 손님이 어서 돌아가기를 기다리는 게 보통 사람들이지. 그들은 내일 잘 살기 위해 오늘 굶주리며 저축을 하지만, 막상 내일이 되면 또 다른 내일을 위해 굶주리며 저축하지. 다가올 내일을 생각하고 한 달 후, 일 년 후를 생각하기에 살아 있고 또 살아갈 거야.

반면, 아버지 같은 사람들은 언제나 지금을 생각하지. 과거의 영광도 내일의 희망도 아닌, 바로 지금 이 시간에 인간으로서 해야 할 일이 무엇인지, 무엇이 옳은 일인지만을 생각하지. 설사 그로 인해 쌀독이 비고, 당장 식구들이 덮고 잘 이불이 없어져 추위에 떨더라도, 옳은 일을 선택하는 거야.

거기에 더해, 전태일이나 박영진 같은 열사들은 세상을 바꿔야 한다는 생각이 보통 사람들보다 훨씬 더 절실한 사람들이야. 자기보다 약한 사람들에 대한 동정심이 보통 사람들보다 훨씬 크기에, 약자를 괴롭히는 이들에 대한 분노도 훨씬 커. 타인의 고통을 자신의 고통으로 느끼기에, 세상을 바꿔야 한다는 절실함은 점점 더 커지고, 결국은 불의에 항거해 자신의 모든 것을 불사르지.

열사들도 알았을 거야. 자기 한목숨 바친다고 해서 세상이 확 달라질 리가 없다는 것을. 자기처럼 열심히 싸우는 사람들이 살아남아 계속 앞장서는 것이 장기적으로 더 큰 도움이 되리라는 걸 모를 리 없어. 그렇지만 열사들은 내일을 생각하지 않아. 보다 나은 내일을 이유로 오늘의 불의를 용납하지 못해. 아버지처럼, 나처럼, 열사들은 진정한 현실주의자인 거야. 누구보다 먼 미래를 바라보는 이상주의자이지만, 동시에 그 누구보다 더 현실에 충실한 현실주의자인 거야.

지금 이 현실에 충실하기 위해 죽을 수밖에 없다면, 죽을 수밖에 없겠지. 지금 내게는 삶에 대한 애착도, 죽음에 대한 두려움이나 애달픔도 없어. 싸우다 보면 죽을 수도 있지, 그런 마음이야. 나만이 아니라, 노동운동을 하면서 만난 민주노조 간부들은 다 그런 것 같아.

먼저도 말했듯이, 우리에게 민주노조는 단순히 임금협상을 위한 기구가 아니라 해방터야. 인간해방의 놀이터야. 이 깜깜한 세상에서 노동자로서 당해야 하는 고통을 이야기할 수 있고, 그걸 개선할 수 있고, 나아가 이 세상에 희망을 만들어낼 수 있는 해방터야. 노동자도 한 명의 인간으로서 당당하게 숨 쉴 수 있는 공간이야.

따라서 자본과 정권이 민주노조를 깨는 것은 우리의 생명을 앗아가는 것과 같아. 저들이 민주노조를 깨는 이유는 임금 지출을 줄이기 위함도 있지만, 인간 평등을 갈망하는 노동자의 정신을 제거하려는 목적이 더 클 거야. 몸은 고생해도 어쩔 수 없지만, 영혼까지 유린될 수는 없어.

잠시 주춤했던 자본과 권력의 기센 물결은 또다시 우리의 앞길을 막고 있어. 이 강을 건너려면 돌다리가 필요해. 누군가는 물속에 잠긴 돌이 되어 뒷사람이 건너갈 수 있도록 자신을 던져야 해. 그런데 다른 사람에게 돌멩이가 되어달라고 할 수는 없잖아. 내가 먼저 물속에 던져진 돌멩이가 되어 나를 밟고 지나가라고 할 수밖에.

나는 믿어. 내가 먼저 저 깊고 험악한 물속에 나를 던져 디딤돌이 되면 그 누군가가 내 뒤를 이어 다음번 돌이 되어주는 이가 나올 거야. 그걸 믿지 않으면, 또 다른 내가 나타나 하나씩 돌다리를 완성하리라는 믿음이 없다면, 나 혼자 물속에 뛰어드는 게 무슨 의미가 있겠어? 그리하여 우리의 후배들은 울면서 우리를 밟고 지나가겠지.

어렸을 때 읽은 독립운동가 안창호 선생의 말을 나는 지금도 외우고 있어.

"생각지도 않은 때에 어떤 신이 다가와 너는 무엇을 하고 있느냐고 물을 날이 올 것이다. 이러저러한 일을 하고 있다고 조금도 망설이지 않고 대답할 수 있는 사람, 그런 삶을 사는 사람이 되어야 한다."

오늘 내가 할 일은 무엇인가?

가난이 싫다. 내가 가난한 게 싫고, 내가 사랑하는 사람들이 가난한 게 싫다. 고생하는 노동자들이 가난한 게 싫다. 나는 돌아갈 거야. 현장으로 돌아갈 거야. 노동자들이 더 이상 고통에 익숙해지지 않도록 하기 위해, 이 지긋지긋한 가난의 고리를 끊어낼 전노협을 살리기 위해, 나는 돌아갈 거야. 나를 믿고 기다리는 동지들 곁으로 돌아갈 거야. 내가 벌인 파업, 내가 시작한 파업을 책임지기 위해 돌아갈 거야, 현장으로!

연희! 한동안은 편지를 못 할 것 같은 예감이 든다.

저들의 탄압이 나날이 심해져 하루하루가 살얼음판 같아. 언제 무슨 일이 생길지 모르겠어. 혹시 내게 무슨 안 좋은 일이 생기더라도 놀라지 말고 담대하게 받아들이기를 바라. 나는 언제나 연희의 마음속에 살아 있을 거야.

안녕, 내 사랑….

제3부 민들레꽃이 필 때면

회사를 그만두고 싶다며 밖에 나갔던 김종수는 다음 날 아침, 아무 일 없다는 듯이 현장으로 돌아왔다. 1989년 5월 3일이었다.

이날, 회사는 뜻밖의 고무적인 답변을 내놓았다. 제2공단 본사에서 열린 협상에서였다. 회사는 쟁의 기간 중의 임금을 90% 이상 지급하며 노조 간부들에 대해 어떤 민형사상의 책임도 묻지 않는다, 노조 간부에 대한 징계를 최대한 가볍게 처리하겠다고 약속했다.

서류상의 합의가 아닌 구두 약속이었으나 파업 2주일 만에 승리가 눈앞에 온 것이다. 아직 기뻐하기는 이르지만, 집행부와 조합원들은 한숨을 놓았다. 이제 노사 양측이 서명만 하면 된다는 안도감으로 오랜만에 편안한 밤을 보낼 수 있었다.

다음 날인 5월 4일, 하늘은 맑고 햇살은 따사로웠다.

김종수가 앞장선 조합원 200여 명은 전날처럼 아침 출근 시간에 맞춰 풍물을 앞세우고 공단 일대를 돌았다. 회사에 돌아오니 공동 임투를 벌여 온 이웃 공장 나우정밀에서 노사협상이 타결되었다는 낭보를 전해왔다.

"나우도 이겼다!"

조합원들은 자기 일처럼 기뻐하며 환호했다. 다들 마침내 승리했다는 기쁨에 들떠 회사에서 연락이 오기를 기다렸다.

회사는 오전이 가기 전에 연락해왔다. 그런데 기대했던 내용이 아니었다. 전날의 구두 합의를 취소한다는 것이었다. 출근 시간의 가두시위를 중지하는 조건이었는데 이날도 행진을 강행했다는 이유였다. 구두 약속만 믿고 부쟁을 중지할 수는 없던 노조는 당연히 공식적인 서면합의가 이뤄진 후에 시위를 중단하기로 결정했는데 이를 트집 잡은 것이다.

"합의 도장도 찍기 전에 행진을 멈추라는 게 말이 돼?"

"노동부에서 무노동 무임금 원칙 지키라고 명령이 내려온 게 틀림없어!"

흥분한 조합원들은 회사의 약속 번복을 성토했으나, 기업 측이 합의를 번복하는 일은 다반사였다. 회사를 담당한 정보과 형사들의 충고에 따라 정책을 바꿀 수도 있고, 회장 개인의 판단일 수도 있었다. 파업을 계속하며 재협상을 하는 방법밖에 없었다. 집행부와 조합원들은 흥분을 가라앉히며 새로운 협상을 준비하기로 했다.

점심시간이 막 지난 오후 1시 15분, 식사를 마친 조합원들과 집행부 간부들이 운동장에서 피구를 하거나 따가운 봄 햇살을 피해 건물 그

늘 여기저기 흩어져 앉아 쉬고 있을 때였다. 갑자기 김종수가 휘발유가 담긴 통을 들고 조합 사무실에서 튀어나왔다. 그러고는 운동장 가운데로 달려가며 자신의 몸에 휘발유를 끼얹기 시작했다. 운동장에 있던 사람들이 놀라 소리쳤다.

"뭐야? 무슨 일이야?"

달려가는 김종수와 가장 가까이 있던 집행부 간부는 정미옥이었다. 운동장에서 조합원들과 피구를 하고 있던 정미옥은 순간적으로 사태를 깨닫고 김종수를 잡으러 뛰었다. 그 뒤로 쟁의차장 김태숙이 쫓아갔다. 김태숙은 현장에 찾아온 아버지에게 붙잡혀 집에 끌려갔다가 며칠 만에 몰래 도망쳐 이날 막 현장에 돌아온 길이었다.

"안 돼!"

두 사람이 소리치며 달려갔을 때, 김종수는 이미 기름을 뒤집어쓴 채 라이터를 들고 있었다. 정미옥은 라이터만 뺏으면 상황을 종료시킬 수 있겠다는 순간적인 판단으로 김종수에게 달려들어 라이터를 빼앗으려 했으나 잡을 수가 없었다. 정미옥은 자기가 붙잡고 있으면 불을 붙이지 못하리라는 생각에 김종수를 깍지 껴서 끌어안았다.

"안 돼! 이러면 안 돼!"

정미옥의 얼굴과 가슴, 다리에도 휘발유가 젖었고 뒤따라와 말리던 김태숙의 다리에도 휘발유가 적셔졌다. 두 사람은 오로지 김종수를 살리려는 생각뿐이었다. 이 모든 것이 불과 몇 초 사이에 벌어진 일이었다.

"펑!"

폭발 소리와 함께 후끈한 불길이 세 사람을 덮쳤다. 김종수는 순식간에 전신이 불에 휩싸였고 붙들고 있던 두 사람의 몸에도 불이 붙었다. 정미옥은 상체에 불이 붙은 채 폭발의 충격으로 뒤로 넘어지고, 바지에 불이 붙은 김태숙은 발목이 타들어가는 고통으로 쓰러졌다.

온몸이 불길에 휩싸인 김종수는 운동장을 내달리며 고함을 치기 시작했다. 뜨거운 불길이 기도를 태우고 폐로 들어가는 고통스러운 절규였다.

"민주노조 사수하자!"

"셋방살이 노동자의 서러움은 싫다!"

"동지들을 처벌하지 말라!"

온몸이 타들어가는 고통을 견디지 못한 김종수는 몇 마디 구호를 외친 후 그대로 운동장 가운데 쓰러져 정신을 잃어버렸다.

운동장에서 피구를 하거나 건물 그늘에 흩어져 쉬고 있던 조합원들이 비명을 질렀으나 어찌할 바를 모르는데 경비원 하나가 소화기를 들고 달려와 정미옥부터 불을 꺼주고 달려가 김종수에게도 소화기를 뿜었다.

구급차를 기다릴 새도 없이, 회사에서 화물용 봉고차를 몰고 왔다. 직원들은 온몸이 검붉게 그을린 김종수와 상반신이 불에 탄 정미옥을 봉고차 짐칸에 싣고 가장 가까운 종합병원인 고려대 부속 구로병원으로 달려갔다.

지업사로 급히 찾아온 회사 관리자로부터 동생의 분신 소식을 들은 형 김종성도 도배지 싣고 다니는 오토바이를 타고 병원으로 달려갔다.

응급실에서 응급조치를 받고 있던 김종수는 형을 알아보고 물을 달라고 했다.

"형… 물, 좀 줘…. 물."

의사들은 물을 주면 화기가 올라 즉사한다고 물을 먹이지 못하게 했다. 김종성은 의사들이 시키는 대로 거즈에 물을 묻혀 입술만 축여줄 수밖에 없었다. 어차피 살 수 없던 동생의 마지막 소원을 들어주지 못한 것이 평생의 후회로 남았다.

고대구로병원에서는 불에 탄 옷을 떼내고 진물이 흐르는 온몸을 붕대로 감아주는 응급조치만 해주고는 화상이 너무 심해 자신들은 살릴 수 없으니 전문병원으로 가라고 했다. 종로구 명륜동 서울대병원 중환자실에 침상 하나가 비어 있다고 했다.

119구급차에 실린 김종수는 대전 집에 내려가 있다가 전화를 받고 급히 올라온 전 지부장 라의형을 보호자로 서울대병원으로 향했다. 구급차 안에서 김종수는 라의형이 묻는 말에 대답하려 애썼으나 쇼크가 심해 정상적인 대화가 되지는 않았다.

"종수야, 왜 이랬어? 왜?"

"가난이 싫어, 가난이 싫다."

부모님께 효도를 못 하고 죽어 죄송하다는 말도 했다. 그러다가 돌연 자본가에 대한 사무친 원한을 드러내기도 했다.

"내가 죽어서 귀신이 되어 자본가를 다 잡아먹을 거야."

힘겨운 몇 마디 외에는 계속 끙끙 앓으며 물을 달라고 했다. 동승한 간호사가 물을 주면 안 된다고 해서 거즈에 물을 적셔 입술에 대주면 어떻게든 한 방울이라도 더 먹으려 애썼다.

119구급차가 사이렌을 울리며 한강을 건너고 무정차로 시내를 관통해 서울대병원에 도착했으나 병원 측은 중환자실 병상이 없다며 입원을 거절했다. 택시를 타고 구급차를 따라온 조합원들은 소리치고 싸우다 못해 다시 한강을 건너 내려와 대림동 강남성심병원으로 갔으나 거기서도 받아주려 하지 않았다.

화상 전문 치료 기기가 갖춰진 강남성심병원은 박영진 등 여러 열사가 생애 마지막을 보낸 곳이었다. 그때마다 경찰은 병원 안에 최루탄까지 쏘며 조문객들을 연행해 난장판이 되었고, 병원에서는 또 그런 일이 벌어질까 봐 입원을 거부한 것이었다. 미리 와 있던 조합원들과 노동단체 실무자들이 소리치고 싸우며 침상을 밀고 들어가서야 억지로 입원시킬 수 있었다.

하지만 치료가 불가능한 전신 화상이었다. 의사들은 일단 김종수를 중환자실에 입원시켰으나 생명 유지를 포기한 듯, 산소호흡기도 끼우지 않은 채 벗들 사이에서 임종을 맞도록 했다.

동지들에게 둘러싸인 김종수는 아직 의식이 남아 있기는 했으나 의미 있는 말은 하지 못했다. 화상으로 퉁퉁 부은 온몸을 감은 붕대는 핏물로 젖어 있었다. 그는 흐느껴 울고 있는 지부장에게 힘겹게 말했다.

"누나, 찬물 좀 갖다줘."

김종수가 마지막으로 남긴 말이었다. 전태일이 마지막으로 남긴 말은 "배가 고프다"였다. 두 사람은 똑같이 분신한 날 밤을 넘기지 못하고 운명했다. 전태일의 사망 시간은 1970년 11월 13일 밤 10시 30분, 김종수의 사망 시간은 그로부터 20년 만인 1989년 5월 4일 밤 11시 30분이었다.

검은 상복의 서광노조 조합원들

김종수의 분신을 회사와의 구두 합의가 번복된 데 대한 항의라고만 할 수는 없었다. 조합 내의 반대를 무릅쓰고 파업을 강행한 책임자로서, 나날이 늘어나는 조합원의 이탈과 불만을 견디지 못한 충동적인 선택이라고 할 수도 없었다. 여러 정황과 증언을 볼 때, 그의 분신은 스스로 노동운동에 뛰어들 때부터, 구체적으로는 『전태일평전』을 읽은 후부터 준비된 것이었다. 아니, 열다섯 살 나이로 노동을 시작할 때부터 태동하고 있었다.

　세상을 바꿔야 한다는 절실함이 남다른 사람들은 그가 속한 사회로
부터 굴종을 선택할 것인가, 아니면 죽음을 선택할 것인가를 강요당한
다. 그 최종 선택은 본인이 하는 것처럼 보인다. 그러나 실상은 사회가
강요한 것이다.

　부조리한 사회는 자신을 바꾸려는 사람들을 죽임으로써 불의를 유
지한다. 부당한 사회에 적응해 살아가는 보통 사람들이 보기에는 스
스로 목숨을 던질 필요까지는 없는 상황이지만, 그 이면에는 부조리한
사회가 자신을 지키려는, 눈에 보이지 않는 통제력이 작용하는 것이다.

　전태일의 죽음도, 박영진의 죽음도, 김종수의 죽음도, 본인의 결단이
자 동시에 사회적 타살이었던 것이다.

　5월은 모내기의 계절이었다. 한창 농사일이 바쁜데, 마침 큰딸 김옥
현이 공장을 잠시 쉬고 하북마을 집에 내려와 어머니를 돕고 있었다.
서광에서 전화를 받은 것도 김옥현이었다. 상상도 못 했던 소식을 접
한 김옥현은 차마 어머니에게 사실대로 말을 할 수 없었다. 최대한 침
착하게 말했다.

　"엄마, 수야 오빠에게 일이 생겼으니 어서 서울대병원으로 가봐요."

　"병원? 우리 수야가 왜? 대체 무슨 일이냐?"

　어머니가 캐물어도 답을 할 수가 없었다. 어머니가 놀랄까 봐 울 수
도 없었다.

　"엄마, 그런 거 있어. 그런 거 있으니까 그냥 빨리 가봐."

　어머니 이옥선 씨는 조카와 함께 택시를 잡아타고 서울로 올라가는

길에서야 누구보다도 사랑하는 둘째 아들에게 큰 사고가 났다는 말을 들을 수 있었다. 두려움과 절망감으로 쏟아지는 눈물을 닦으며 어머니는 되뇌고 또 되뇌었다.

"사람이 그렇게 쉽게 죽는 것 아이다. 우리 종수가 그렇게 쉽게 죽을 애가 아이다. 우리 종수는 괜찮을 거이다."

한밤중이 되어 서울대병원에 도착하니 김종수는 벌써 강남성심병원으로 이송되고 없었다. 서울대병원에서 잡아준 택시를 타고 다시 강남성심병원으로 달려갔지만, 사랑하는 아들은 이미 이 세상 사람이 아니었다.

가족들은 아무것도 몰랐다. 함께 산 김종성조차도 그랬다. 동생이 노동조합을 한다는 건 잘 알고 도와주기까지 했지만 어쩌다가 분신에 이르게 되었는가는 이해가 되지 않았다. 그러나 가족들은 알고 있었다. 김종수가 결코 나쁜 일을 했을 리가 없다는 것, 김종수를 죽음에 이르게 한 것은 분명 돈 많고 권력을 가진 사람들이라는 것을 알고 있었다.

민주화운동이나 노동운동의 과정에서 분신 혹은 투신으로 사망한 이들의 가족들 대다수가 비슷한 상황에 처한다. 고인이 살아생전 어떤 활동을 했는가를 정확히 아는 가족이 많지 않고, 설사 알고 있었다 해도 이해하지 못하는 부모가 더 많다. 어리고 순진한 자기 자식에게 불온한 사상을 주입해 죽음을 부추긴 누군가가 있지 않은가 의심하는 경우까지 있다.

그래서 회사와 경찰의 설득에 넘어간 가족들이 고인의 동지들을 배제하고 가족장을 택하는 경우도 생긴다. 경찰은 가족과 합의했다는 명분으로 시신을 탈취해 가족묘에 묻게 하거나 화장해서 묘지도 못 만들게 뿌려버리는 일이 여러 번 있었다. 가족들은 나중에서야 진실을 알게 되어 민주화실천가족협의회 같은 단체에 가담해 자기 아들딸들의 뜻을 기리기 위해 싸우게 된다.

김종수의 가족은 달랐다. 서광에서 벌어진 일들을 어느 정도는 알고 있던 김종성은 모내기 시기를 놓칠까 걱정하는 아버지에게 말했다.

"아버지, 시골에 가서 일하실 생각 마시고 여기 그냥 계세요. 종수는 노조를 지키기 위해 목숨까지 바쳤잖아요? 회사와 합의해서 돈 얼마 받는 것보다는 종수의 뜻을 지키기 위해 우리도 노조를 믿고 함께 가요."

아버지 김상배 씨와 어머니 이옥선 씨는 자식들의 뜻에 따랐다. 회사에서 여러 차례 제시한 거액의 합의금을 완강히 거절하고, 노조의 요구가 관철될 때까지 장례를 치르지 않겠다고 선언했다. 아버지는 장례 투쟁 내내 거의 밥 한술 못 먹고 뼈만 남도록 말라갔지만 자리를 뜨지 않았다. 형 김종성과 여동생 김미현은 처음부터 끝까지 영안실을 지키며 조합원들과 함께 앞장서서 경찰과 싸웠다.

조합은 살아생전의 김종수가 주장했던 대로 임금 35% 인상, 파업 기간 중의 임금 전액 지급, 조합 간부에 대한 징계 철회를 요구했으며 가족들은 이 조건들이 관철될 때까지 어떠한 제안도 받아들이지 않았다. 경찰은 몇 번이나 영안실을 봉쇄하고 출입자들을 연행해 갔지만, 가족들이 장례에 합의하지 않은 부담감 때문에 시신을 탈취하지는 못했다.

가족이 끝까지 한마음이 되어 싸운 것은 노동조합과 행동을 일치하지 않으면 김종수의 죽음이 헛되고 만다는 절박감이었다. 장례 투쟁 과정에서 벌어진 온갖 갈등과 역경에도 불구하고 가족들은 끝까지 노조 집행부를 믿고 함께 싸웠다.

가족이나 마찬가지인 사촌 형제들과 고향 친구들도 번갈아 자리를 지키고 김종수와의 추억이 담긴 글을 써주었다. 서동배는 낮에는 일하고 밤마다 빈소에 찾아와 지켰는데 이를 의심스럽게 여긴 경찰이 불심 검문으로 신원을 파악하고는 그가 기거하고 있던 대림동 형의 집을 덮쳐 온 집 안을 뒤집어놓기도 했다.

언제 쳐들어올지 모르는 경찰을 가족과 조합원들의 힘만으로 막을 수는 없었다. 단병호 의장이 구속된 후 청계피복노조 위원장 김영대가 이끌고 있던 서노협의 구로지역위원회 조합원들, 김명운이 이끌던 박영진열사추모사업회, 신철영이 이끌던 영등포산업선교회 등 여러 단체의 실무자들과 회원들이 방어막이 되어주었다.

후일 대통령이 되는 평화민주당 김대중 총재를 비롯한 야당 정치인들과 전태일의 어머니 이소선 여사, 이희호 여사 등 일일이 기록할 수 없이 많은 재야 민주 인사들의 방문과 위로, 격려도 힘이 되었다. 김대중에 이어 대통령이 되는 노무현 의원과 국무총리가 되는 이해찬 의원은 경기도 마석의 민주열사 묘역에 묘지를 살 수 있도록 개인적으로 400만 원을 부조했다.

박영진 열사의 부친 박창호 씨는 영안실에서 살다시피 하며 투쟁을 함께했다. 1960년생 박영진은 1966년생 김종수와 마찬가지로 가난 때문에 중학교도 마치지 못한 채 어린 나이부터 노동을 하다가 독산동 신흥정밀에서 노조 결성 투쟁을 주도하던 중 경찰과 구사대의 폭력 진압에 맞서 분신 사망한 노동자였다.

처음부터 끝까지, 누구보다도 치열하게 영안실을 지킨 이들은 서광노조 집행부와 조합원들이었다. 서광노조가 바탕이 되지 않았다면, 외부에서 도와줄 명분이 없었을 것이다. 영안실 입구에 종이박스를 깔고 버티던 집행부들은 요구 조건이 관철될 때까지 타협하지 않고 싸웠다. 분신을 막으려다 다리에 깊은 화상을 입은 쟁의차장 김태숙도 아픈 다리를 끌며 영안실을 지켰다.

한번은 조합원들이 백골단에게 끌려가 난지도 쓰레기장 여기저기에 하나씩 떨구어졌는데 다들 차비 한 푼 없는 상태였다. 겨우 공중전화로 영안실에 알려와 데리러 갈 수 있었다. 그래도 아무도 이탈하지 않고 씩씩하게 버텨냈다. 그것이 노동자였다. 아무 계산 없이 옳다고 생각을 하면 옳게 행동을 하는 것, 이것저것 재지 않고 잔머리 굴리지 않고 내 잇속 챙기지 않고 희생하는 것, 그것이 노동자의 저력이었다.

20일간 계속된 치열한 장례 투쟁 끝에 회사는 주동자 한 명만을 해고하는 조건으로 파업 기간 중의 임금 지급 등 노조의 주요 요구 사항을 수용하고 장례 비용 전액을 지급했다.

합의 사항에는 정미옥의 치료도 포함되어 있었다. 분신을 말리려고 끌어안았다가 심한 화상을 입은 정미옥은 장례 투쟁 중에도 김종수가 안치된 강남성심병원에서 몇 차례에 걸쳐 대수술을 받고 있었다. 목과 턱부터 가슴, 손발까지 여러 곳에 깊은 화상을 입어 생사의 기로에 몰린 채 자기 살을 떼어 옮겨붙이는 가혹한 수술이었다.

정미옥은 끔찍한 고통으로 진통제와 마취제 병을 달고 살면서도 소화기를 들고 달려온 경비원이 자기부터 불을 끄는 바람에 김종수가 죽었을지도 모른다는 자책에 빠져 있었다. 그것이 노동자의 마음이었다.

장례식은 1989년 5월 24일, 서노협장으로 치러졌다. 생전의 김종수와 함께 활동했던 구로공단 쟁의부장들이 선봉에 서서 행렬을 이끌었다. 구로공단 일대는 수만 명에 이르는 추모 인파가 모여들어 고인의 뜻을 기리며 곳곳에서 경찰과 충돌했다. 구로공단이 생긴 이래 최대규모의 가두시위였다.

서광 운동장에서 벌어진 노제에서는 구로공단 해고자로 서해복투의 열혈 투사이던 김호철이 작곡하고 서광노조 조합원인 황규자가 작시한 김종수 추모가 〈열사의 그 뜻대로〉가 불리었다.

침묵을 딛고, 어둠을 차고, 타오르는 횃불로

더 이상 절망할 수 없기에 불꽃으로 일어섰다

뒤뜰 어디선가 규찰을 서던 그 목소리 들릴듯한데

떠나보낼 수 없는 동지여,

비수처럼 살아오는 동지여

우리는 투쟁의 길을 간다

자본가의 비곗덩이 싹뚝 자르는

이 땅의 노동자 해방을 위해 불타는 적개심으로

더 이상 물러설 순 없다

더 이상 짓밟힐 순 없다

동지여 전진이다

열사의 그 뜻대로 투쟁이다

노제에서 여동생 김미현은 눈물로 추모시와 조사를 읽었고, 무용가 이애주 교수는 가슴을 후벼 파는 절절한 춤으로 살풀이 굿을 했다. 서광 조합원들과 참석자들은 눈물로 김종수를 떠나보내며 목이 쉬도록 노동자의 해방을 외쳤다.

서광 운동장에서 노제

경찰은 장례 행렬이 구로공단을 넘지 못하도록 엄청난 병력을 동원해 사방의 도로를 차단하고 방패 밑으로 상복 입은 유족들도 가리지 않고 발길질을 해댔다. 맨 앞줄에 서서 밀고 나가던 아버지와 어머니까지 군홧발로 차고 시위에 나선 사촌 형제들까지 체포해 경찰버스에 태워 난지도 쓰레기장에 던져버렸다.

함성과 눈물, 울분과 결의로 가득한 장례식이 끝나고, 김종수는 앞서간 민주열사들이 잠든 마석모란공원에 안치되었다. 위쪽으로 전태일의 묘와 박영진의 묘가 있는, 햇볕 잘 드는 아담한 묘소였다.

장례식이 끝난 후에도 서광 조합원들은 김종수 가족의 곁을 지켰다.

긴 장례가 끝나고 집에 돌아온 어머니 이옥선 씨는 예전과 너무 달라져 있었다. 어려운 살림에도 자존심을 잃지 않고 당당하게 여섯 아이를 키워낸 강인한 어머니의 모습은 사라지고, 깨어 있는 내내 우는 심약한 어머니가 되어 있었다. 완전히 넋이 나가서 온종일 흐느껴 울고 또 울었다.

국민학교와 중학교에 다니는 두 동생을 돌보느라 영안실에 가지 못하고 집을 지켰던 큰딸 김옥현은 어머니의 눈물을 보면서 비로소 사랑하는 수야 오빠가 이 세상에서 사라졌음을 실감하며 어머니를 끌어안고 울었다.

이 힘든 시간을 지켜준 이들은 서광 노동자들이었다. 이제 한식구가 되어버린 서광 조합원들은 김종수의 빈자리를 채우기 위해 하북마을에 내려와주었다. 이삼녀를 비롯한 집행부 간부들과 조합원들은 가을 추수 때까지 몇 달 동안을 교대로 팀을 짜서 내려와 농사일도 도와주고 같이 떠들썩하게 밥을 먹으며 보통의 가정집 같은 분위기를 만들어주려 애썼다. 라의형과 이광구는 두 달 넘게 하북 집에 살면서 김종수의 부모를 위로했다.

서광 식구들이 잃은 아들을 대신해주면서 어머니도 분주해졌다. 어머니는 밥하고 반찬 하느라 바빠서 잠시 슬픔을 잊었다. 그래도 김종수와 친했던 고향 친구들이 위로하러 찾아오기라도 하면 또다시 아들을 그리워하며 하염없이 울었다.

장례 기간 내내 거의 식음을 전폐해 환자처럼 쇠약해진 아버지 김상배 씨는 자기를 닮은 성격 때문에라도 더 많이 야단을 쳤던 작은아들의 죽음이 준 충격에서 헤어나지를 못했다. 시름시름 앓다가 아들의 장례를 치르고 5년이 못 되어 아들 곁으로 갔다. 갓 쉰을 넘긴, 너무 이른 죽음이었다.

김종수의 죽음은 서노협 강화와 전노협 건설에 상당한 역할을 했다. 김종수 장례 투쟁 후, 구로공단은 탄압이 한동안 주춤했다. 장례 투쟁을 함께하며 연대를 공고히 했던 대한광학, 신애전자, 태광하이텍, KDK, 나우정밀, 중원전자, 마이크로코리아, 신한, 남부기계금속 등 서노협 산하 민주노조들은 조직을 정비해 전노협 건설에 매진할 시간을 가질 수 있었다.

자본의 탄압과 이에 대한 노동자의 저항이 멈춘 것은 아니었다. 장례식이 치러지고 두 달도 안 된 1989년 7월 4일, 서광에서 차로 30분 거리인 기아자동차 소하리 공장에서 또다시 분신 사건이 터졌다. 노동조합 대의원 이종대 열사가 죽음으로써 노조를 지킨 것이다.

서광 자본도 애초부터 노조와의 약속을 지킬 생각이 없었다. 김종수가 선도한 4월 18일 파업부터 시작해 40일 가까이 휴업했던 서광은 장례식 후 다시 문을 열었지만, 노조를 아예 없애는 데만 주력했다. 조합원들은 투쟁의 중심이던 김종수가 없어진 데다 힘겨운 장례 투쟁에 지쳐 있었다. 회사는 노조가 약화된 틈을 이용해 구로공장의 규모를 계속해서 줄이는 한편, 독산동에 새 공장을 차려 설비를 이전하더니 1년여 만에 구로공장을 완전히 폐쇄했다. 자연히 서광노조 구로지부는 사라졌다.

김종수의 형제와 누이들은 그의 죽음을 계기로 각자의 삶에 대해서 더 진지하게 생각하게 되었다. 사회를 바라보는 시선도 바뀌었다. 김종수의 뜻을 이어 민주화와 노동인권을 위해 투쟁하는 형제가 없는 점을 아쉽고 미안하게 생각하지만, 김종수가 나름대로 올바른 삶을 살다 간 것에 대해서 자랑스럽게 생각하고, 그의 뜻에 어긋나지 않게 살려고 애쓰고 있다.

다시는 이런 일이 일어나지 않는 세상을 만들기 위해 작은 노력이라도 보태려는 마음은 또 다른 가족이 된 서광 식구들도 마찬가지다. 1990년대 들어 봉제와 전자 등 인력 집약적인 산업이 대거 중국으로 넘어가면서 대부분 공장을 떠나게 되지만, 무슨 중요한 판단을 해야 하는 순간이 오면 김종수가 그 기준이 되어준다. 30년 넘는 세월이 지난 지금도 마찬가지다.

분신이 일어나기 이틀 전 김종수와 함께 규찰을 서다가 변압기 아래 만발한 샛노란 민들레를 보며 감탄했던 조합 간부 채성자는 그날 마주친 김종수의 눈빛을 잊지 못한다. 민들레꽃이 너무 예쁘다는 말에 김종수는 말없이 미소만 지었는데 그 눈빛이 이상하게 슬퍼 보였다. 그때는 무심히 지나쳤지만, 채성자는 평생 그 순간의 느낌을 잊지 못했다. 5월이 되어 버려진 땅, 낮은 곳마다 샛노란 민들레가 피어나고, 이윽고 하얀 꽃씨가 되어 바람 따라 흩어져 사라지는 모습을 보면 슬프게 반짝이던 김종수의 눈이 떠올라 마음이 아렸다.

이웃한 베어링노조 사무장이던 김도환은 파업 중이던 서광 앞을 지나다가 만난 김종수를 잊지 못한다. 김종수와는 서노협 모임에서 몇 번 만나 아는 사이였는데, 김종수가 그날따라 혼자서 규찰을 서고 있었다. 갸름한 체구에 예쁘장한 얼굴을 가진 김종수가 높다란 철망 안에 홀로 서 있는 모습이 왠지 외로워 보였다. 그가 본 김종수의 마지막 모습이었다.

김종수는 그렇게 사랑하는 사람들을 떠났다. 하지만 그는 자신이 슬픈 기억으로 남기를 바라지는 않을 것이다. 언젠가 인류가 이루게 될, 이뤄내야만 하는, 능력이란 이름으로 불평등을 당연시하는 사회가 아니라, 인간 사이의 어떠한 경제적, 정치적 차별도 없는 이상적인 사회를 만든 한 사람으로 기억되기를 바랄 것이다.

김종수의 묘비 뒷면에는 그가 살아생전에 한 말들을 엮어 문익환 목사의 부인 박용길 여사가 붓글씨로 써준 글이 새겨져 있다.

세상 살아가는 동안 가장 중요한 것은 진실이다. 진실을 알면서도 회피하는 것, 노동자들의 투쟁이 정당하고 인간다운 삶을 위한 것이라는 걸 알면서도 함께하지 못하는 것은 동지에 대한 배신이다. 참세상 그날까지 참되게 살아가자. 부모님께 효도 못 하고 죽어 죄송하다. 우리에겐 노동자의식이 있을 뿐이다.

이어서 사랑하는 여동생 김미현이 쓴 추모사가 역시 박용길 여사의 글씨로 새겨져 있다.

최소한의 인간다운 삶을 위한 요구를 주장하는 노동자들의 투쟁을 매도하고 노조를 탄압하는 독재정권에 분노를 금하지 못하겠다던 김종수 동지는 언제나 나 자신의 역할이 부족한 것을 미안해했던 차분하고 조용한 성격의 책임감 강한 청년이었다. 그의 참된 위대성은 소박한 마음가짐에 있었고 참으로 올바르게 세상을 사는 방법을 알았을 때 평탄하고 안이한 삶이 아니고 고난과 도전에 직면하여 분투, 항거할 줄 아는 실천하는 진짜 노동자였다. 고 김종수 열사는 이천오백만 노동자들의 선봉에 선 횃불이 될 것이다.

김종수는 우리에게 무엇을 말하고 싶었을까?
김종수는 자본가를 비롯한 이 사회의 기득권자들이 자신의 죽음을 보고 양심의 가책을 느껴 좋은 사람으로 변화하리라 기대하지는 않았을 것이다. 그가 생명을 바쳐 호소하고자 한 대상은 기득권자들이 아니라, 사랑하는 사람들이었다. 바로 우리들이다. 그리고 우리는 그가 무슨 말을 하고 싶었는가를, 이미 알고 있다.

김종수는 먼저 부모님과 형제자매에게 말한다.

"사랑하는 부모님과 형님, 사랑하는 동생들에게 말합니다. 절대 저로 인해 누구를 원망하지 마십시오. 제가 선택한 이 길은 그 누구의 가르침이나 부추김도 없는, 오로지 저 자신이 택한 길입니다. 어렸을 때부터 눈앞의 불편, 부당을 참지 못하고 몸을 던져 싸워온 제 성격을 보셨으니 아실 것입니다. 저의 결단은 5월 4일에 갑자기 이뤄진 것이 아니라, 이미 전부터 준비되어 있었습니다. 충격과 슬픔으로 닫혀버린 마음의 문을 열고, 우리 노동자의 현실을 자세히 살펴보시면 이해가 될 것입니다. 부모님과 형님, 동생들과 사촌 형제들… 모두 사랑합니다."

서광에서 만난 동지들에게도 말한다.

"먼저, 저로 인해 너무나 큰 피해를 입은 정미옥 동지와 김태숙 동지, 그리고 마음에 크나큰 상처를 입은 여러 집행부 간부들에게 한없는 미안함과 그리움을 전합니다. 조합원 여러분께도 전합니다. 나의 죽음을 슬퍼하지 말고, 보다 나은 세상을 위해 작은 일이라도 실천하는 삶을 사십시오. 여러분 모두를 너무나 사랑합니다."

또한 전국의 노동 형제들에게 말한다.

"이 세상 누구도 우리 노동자를 해방시켜주지 않습니다. 기득권을 가진 그 어떤 집단도 우리를 해방시켜주지 않습니다. 서글픈 일이지만, 우리 노동자 자신만이 끝까지 현장에 남아 부당한 현실과 싸워야 합니다. 즐겁고 보람 있는 노동 현장이 될 때까지, 우리의 싸움을 멈춰서는 안 됩니다."

인간 평등을 위한 싸움은 거친 물살을 건너는 일과 같다. 민주노총이라는 든든한 돌다리를 가진 오늘의 노동자들은 이 돌 하나하나를 놓기 위해 얼마나 많은 선배 노동자들이 희생했는가를 모르거나, 잊고 살기 쉽다. 징검다리 돌 하나를 놓기 위해 얼마나 많은 노동자들이 폭행을 당하고 감옥살이를 했는지, 끝내는 김종수처럼 자신의 생명을 바쳤는지를 모른 채, 아주 오래전부터 그 자리에 있던 다리인 양 무심히 밟고 지나기 쉽다.

1987년 7·8월노동자대투쟁부터 1990년 전노협 건설까지, 1995년에 민주노총이 건설되기까지, 헤아릴 수 없이 많은 노동자들이 사랑하는 가족을 떠나, 하루 세 끼니 먹는 것과 입을 것과 잠잘 곳에 대한 어떤 욕심도 없이, 투쟁 과정에서 감옥살이를 하거나 죽을 수 있다는 사실을 잘 알면서도 자신의 안락이나 안위에 대한 어떤 애착도 없이, 오로지 노동해방을 위해 젊음을 바친 이유는 무엇이었을까?

특히 거대한 전진인가 아니면 비참한 후퇴인가를 가름하던 1989년 전후, 목숨을 아끼지 않고 싸운 노동자는 김종수만이 아니다. 당시 전선의 맨 앞에 섰던 노동자 모두가 죽어도 좋다는 마음가짐으로 싸웠다. 그것은 옛날로 돌아갈 수 없다는 절박함이었다. 민주노조가 생기기 이전으로 돌아갈 수 없다는, 민주노조를 지키기 위한 절박함이 그들을 목숨 걸고 싸우게 했다.

오늘의 민주노총 소속 노조와 조합원들이 이러한 역사적 경험을 돌아보지 않고 자신들의 이익만을 추구하며 노동자 전체의 문제를 외면한다면, 조합원들의 투쟁을 밑바탕으로 하지 않고 산술적 협상에만 만족해한다면, 노동자들은 또다시 옛날로 돌아가게 되리라는 사실을 잊어서는 안 될 것이다.

자본가도 노동자도 없는 곳, 인간 사이의 불평등과 억압도, 착취와 수탈도 없는 세상으로 떠난 김종수는 자신이 사랑했던 모든 이들에게 말한다.

"세상은 꿈꾸는 사람들의 것입니다. 지금은 변화가 불가능해 보이는 부조리들이 머지않은 미래에는 기억조차 희미한 옛이야기가 될 것입니다. 노예가 해방되었듯이, 농노가 해방되었듯이, 노동자도 해방될 것입니다. 지구상에 노동자계급이 사라지고 만인이 평등해지는 날이 반드시 올 것입니다. 각자의 능력과 재능에 따라 자유로이 살면서도 차별받지 않고 학대받지 않는 세상이 반드시 올 것입니다. 사랑하는 모든 이여, 눈을 들어 미래를 바라봅시다. 현실이 아무리 가혹하더라도 희망을 잃지 말고 고개를 듭시다. 우리는 꿈을 꾸는 사람들입니다."

노동자의 미래, 노동자의 해방을 위해 자신을 불사른 아름다운 청년 김종수의 뜻을 기리기 위해 서광 식구들이 중심이 되어 만든 '김종수열사추모사업회'는 2018년부터 '박영진열사추모사업회'와 합쳐져 운영되고 있다.

가산디지털단지역 앞에서 열린 열사문화제(2013년 6월 13일)